Hans-Wilhelm Apelt

Weinkompass Mosel

Die 50 besten Straußwirtschaften und Gutsschänken

LEINPFAD
VERLAG

Umschlag: kosa-design, Ingelheim, mit einem Foto von Maria Gietzen
Karte Einbandrückseite: Cartomedia, Karlsruhe
Fotos: Rolf Goergen S. 6, 8, 9, 112, 113; Peter Oster S. 97; Familie Pohl S. 22;
Familie Schardt S. 28, 29; Thorsten Zimmermann S. 1;
alle anderen Fotos: Benjamin Apelt
Layout: Leinpfad Verlag, Ingelheim
Druck: TZ Verlags & Print GmbH, Roßdorf

Leinpfad Verlag, Leinpfad 5, 55218 Ingelheim,
Tel. 06132/8369, Fax: 896951
E-Mail: info@leinpfadverlag.de
www.leinpfadverlag.com

ISBN 978-3-945782-21-7

Inhalt

Liebe Leserinnen und liebe Leser:

Als mir der Leinpfad Verlag vorschlug, ein Buch über die 50 besten Straußwirtschaften und Gutsschänken an der Mosel zu schreiben, war ich so-
fort Feuer und Flamme. Immerhin ist mir die Mosel als Wein- und Kulturlandschaft nicht unbekannt. Im Gegenteil: Ich bin seit jeher von den
unterschiedlichen Terroirs und den weltbekannten, begnadeten Lagen
fasziniert: Winninger Uhlen, Winninger Röttgen, Piesporter Goldtöpfchen,
Wehlener Sonnenuhr, Brauneberger Juffer, Bremmer Calmont, Trittenheimer Apotheke und wie sie alle heißen. Ob in Steillage oder Terrasse, ob auf
Schiefer-, Muschelkalk- oder Sandsteinboden, ob Südhanglage oder nicht,
ob römisch geprägt oder nicht – so ziemlich jede Rebfläche ist auf ihre
Weise einzigartig und alle zehn Meter kommen unterschiedlich Qualitäten
zu Tage – aufregend und faszinierend.

Mit großer Freude, aber auch voller Respekt vor den Qualitäten, machte
ich mich an den spannenden Vergleich zwischen der absoluten Spitzen-
klasse an heimischen (Prädikats-) Weingütern – man denke nur an Namen
wie Schloss Lieser, Johann Josef Prüm, Heymann-Löwenstein, Egon Müller oder Fritz Haag – und dem, was sich im Schatten dieser großen Namen
tummelt. Denn die vermeintlich „Kleinen", die mitunter in denselben Lagen
wirken, bringen zum Teil außergewöhnlich gute Tropfen hervor, die an die
der „Großen" heranreichen – und dies, obwohl manche Betriebe nur im
sogenannten Nebenerwerb geleitet werden.

Überhaupt fällt der Vergleich der Weingüter nicht immer leicht, selbst dann
nicht, wenn man die „Kleinen" untereinander vergleicht. Es gibt kleine Betriebe wie das Cochemer Weingut Daniel Bach, die mit etablierten Größen
wie dem Weingut Walter J. Oster (St. Aldegund) konkurrieren, Familienbe-
triebe, Weingüter, die von Ehepaaren oder von Einzelkämpfern betrieben
werden oder gemeinschaftlich agierende Güter. Es gibt Betriebe, in denen
die Jungen (die „Generation Geisenheim") das Sagen haben und solche,
die keinen Nachwuchs haben. Es gibt gastronomisch umtriebige Betriebe
und solche, die nur ein Minimum an Speisen anbieten. Solche, die nur am
Wochenende geöffnet haben und jene, die auch unter der Woche öffnen
und streng genommen nicht mehr als Straußwirtschaft gelten.

Sie werden lesen und hoffentlich auch persönlich erfahren, dass es unter
den 50 besten Straußwirtschaften und Gutsschänken einige gibt, die mit
wirklich sehr gutem Essen aufwarten. Nicht selten liegt das an erstklassigen Lieferanten und regionalen Zulieferern – da sind die Wege kurz, die
Qualität ist bekannt und das Gewissen beruhigt. Wenn die Karte dazu noch
abwechslungsreich und vielfältig gestaltet ist, freut das den Gast umso
mehr. Andererseits sind selbst kleine Karten manchmal doch recht fein.

Insbesondere dann, wenn man sich mit den wenigen Speisen besonders viel Mühe gibt – man denke beispielsweise an Hutmacher (Oberemmel) und Gietzen (Hatzenport). Doch auch das individuelle Ambiente (von urig bis modern) an der Mosel ist vielfältig und äußert sich in wunderschönen Gärten, herrlichen Terrassen oder stilechten Kellern oder einer Kombination von alledem.

Die Faszination „Straußwirtschaft", die gewiss noch nicht das Ende der Fahnenstange erreicht hat, besteht wohl vor allem in der Möglichkeit zu einer ausgiebigen Verkostungsrunde, der Gelegenheit zum beinahe schon intimen Plausch mit dem Winzer, der Geselligkeit und den vergleichsweise niedrigen Preisen. Zusammen mit dem Qualitätsweg Moselsteig, wunderschönen Radwegen, dem ÖPNV-Gästeticket und den individuellen Ideen der Weingüter (Weinstrand, Weincafé, geführten Weinwanderungen, Planwagenfahrten etc.) bietet die Mosel unzählige Optionen für einen unvergesslichen Urlaub. Dieser Führer kann Ihnen dabei als Leitfaden dienen.

An dieser Stelle möchte ich mich bei allen bedanken, die mir beim Zustandekommen desselbigen geholfen haben: den Winzerinnen und Winzern mit ihrer Bereitschaft zu interessanten Gesprächen, der Straußwirtschafts AG, dem Mosel Wein e.V. und der Landwirtschaftskammer mit hilfreichen Hinweisen, aber auch dem Leinpfad Verlag selbst für die Idee und deren bravouröser Umsetzung.

In diesem Sinne: Genießen Sie die Mosel – es gibt viel zu entdecken!

Hans-Wilhelm Apelt

Bewertungskategorien

Wein:

1 Traube = Moselweine, die einfach aber gut gemacht sind

2 Trauben = Gebiets- oder rebsortentypische Weine

3 Trauben = sehr gute Moselweine – über dem Durchschnitt

4 Trauben = hervorragende Kreszenzen, überdurchschnittlich

5 Trauben = sie zählen zur Spitze der Moselweine

Essen:

1 Traube = einfache Speisen in geringer Auswahl

2 Trauben = gutbürgerliche Küche mit größerer Auswahl

3 Trauben = verfeinerte Küche mit kreativen Akzenten

4 Trauben = hochwertige Qualität mit Liebe zum Detail

5 Trauben = eine exklusive Küchenleistung

Ambiente:

1 Traube = einfach, einladend

2 Trauben = bodenständig und gemütlich

3 Trauben = über dem Durchschnitt, sehr geschmackvoll

4 Trauben = herausragendes Flair

5 Trauben = exklusiv und nicht zu toppen

Gesamtbewertung:

1 Traube = einfach

2 Trauben = eine gute Empfehlung

3 Trauben = rundum gute Adresse

4 Trauben = eine Besonderheit im Gebiet

5 Trauben = perfekt und exklusiv

1. Weingut Peter Lehnert-Veit, Piesport / Gutsschänke

Sehr gute Weine, der repräsentative Garten, eine überzeugende Küche und kompetenter Service führen an die Spitze. (s. S. 84)

1. Weingut Amlinger-Schardt, Bullay / Straußwirtschaft

Ebenfalls eine Spitzenposition durch erstklassige, nuancenreiche Weine und hervorragende Speisen der Frischeküche. (s. S. 28)

2. Weingut Walter J. Oster, St. Aldegund / Straußwirtschaft

Die Weinkollektion ist top, der repräsentative Keller eine Augenweide. (s. S. 96)

2. Weingut Caspari-Eggert, Traben-Trarbach / Gutsschänke

Ausgezeichnete Weine, hervorragende Küchenleistung, originelles Interieur in der Scheune plus schöner Garten. (s. S. 100)

3. Weingut Destillerie Hutmacher, Oberemmel / Straußwirtschaft

Ein repräsentatives Weinangebot und ein lukullischer Höhepunkt nach dem anderen. (s. S. 76)

3. Wein- und Sektgut Horch-Göbel, Winningen / Straußwirtschaft

Wunderbare Weinauswahl aus den Terrassenlagen mit einer kreativen Küche und einem stilvollen Ambiente drinnen und draußen. (s. S. 106)

4. Winzerhof Gietzen, Hatzenport / Gutsschänke

Intensiv fruchtige Weine von eleganter Machart, ein wunderschöner Garten und ein sehr beachtliches Speiseangebot (s. S. 56)

4. Weingut Heinrich Immich-Anker, Enkirch / Straußwirtschaft

Hervorragende Weinkollektion, ein Top-Sekt und eine sehr gute Küche in einem modernen und exklusiven Ambiente. (s. S. 46)

5. Weingut Klaus Berweiler-Merges, Leiwen / Straußwirtschaft

Moderne Straußwirtschaft mit mediterranen Einflüssen, reintönige und fruchtige Weine und eine bodenständige Küche, da lässt man sich gerne nieder. (s. S. 70)

6. Weingut Josef Bernard-Kieren, Graach / Straußwirtschaft

Die Weine sind von einer perfekten Harmonie, Frucht und Charakter zeigen die Klasse. Auf der Terrasse erlebt man Mosel pur. (s. S. 52)

6. Gutshof Zenz, Ediger-Eller / Gutsschänke

Ausdrucksstarke Weine und die außergewöhnliche Speisequalität bieten einen genussreichen Aufenthalt. (s. S. 44)

6. Weingut Weich, Riol / Straußwirtschaft

Beachtenswertes Weinvergnügen, ob rot ob weiß, eine Küchenleistung, die mehr bietet, sowie ein freundlicher Service. (s. S. 92)

Weingut Zum Lilienhof Straußwirtschaft

Moselstraße 13
56859 Alf
Tel. 06542/962810
info@weingut-lilienhof.de
www.weingut-lilienhof.de

Öffnungszeiten: Mitte Mai – Mitte Oktober: täglich ab 11 Uhr

Anfahrt:
Von Alf in Richtung Bullay, rechts vor der Moselbrücke abbiegen

Parken:
Ja

Reservierungen:
Reservierungen sind möglich

Anzahl der Sitzplätze:
drinnen 50, draußen 60

Besonderheiten:
Exponierte Lage direkt an der Mosel, Planwagenfahrten, selbst gemachte Liköre

Mein Tipp: Speckflammkuchen mit Riesling trocken

Flammkuchen aller Art

In der dritten Generation steht das Weingut Lilienhof der Familie Gietzen für die Liebe zum Moselwein. Aber auch für die Liebe zum Rotwein, denn in den sechs Hektar Weinbergslagen zu Bremm, Ediger und Nehren, setzt Winzer Jürgen Gietzen, der im Übrigen nahezu ohne Herbizide auskommt, vor allem auf drei Rebsorten: Riesling (40% der Rebfläche), Dornfelder und Spätburgunder. Ausgebaut als Rot- oder Roséwein, dienen die roten Tropfen als ideale Ergänzung zum fruchtig-spritzigen Mosel-Riesling. Während der Riesling sechs Monate im Edelstahltank reift, verweilen die Roten bis zu einem Jahr im Barrique-Fass. Die Kollektion ist homogen, die Weine zeigen sich saftig, fruchtig und mitunter auch leicht mineralisch – wie beispielsweise die empfehlenswerte Riesling Spätlese mit zartem Schmelz. Zu der Kollektion müssen jedoch auch die über 30 Sorten an Likör- und Edelbrandspezialitäten gezählt werden. Während die Spirituosen eher zum Mitnehmen und Verschenken gedacht sind, werden in der Straußwirtschaft „Zum Lilienhof" vor allem die Weine aufgetischt. Die Straußwirtschaft selbst hat eine tolle, verkehrsbegünstigte Lage: nahezu unmittelbar am Moselufer, an der parallel verlaufenden Straße zwischen Alf und Zell und dem zugehörigen Radweg gelegen (zudem nur wenige Minuten vom Bahnhof Bullay entfernt), eignet sich der Lilienhof sowohl als Anfangs- oder Endpunkt als auch als Zwischenstopp einer Tour entlang der Mittelmosel. Für das leibliche Wohl sorgen dabei sagenhafte 23 Variationen vom Flammkuchen – die unterschiedlichen Flammkuchen richten sich nach ländertypischen Belägen – sowie die üblichen Vespergerichte.

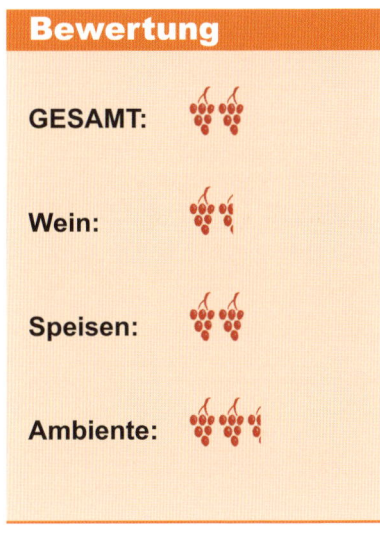

Bewertung

GESAMT:

Wein:

Speisen:

Ambiente:

Weingut Brunnenhof Straußwirtschaft

Weingartenstraße 34
54470 Bernkastel-Kues
Tel. 06531/7600
info@brunnenhof-herges.de
www.brunnenhof-herges.de

Öffnungszeiten: April, August, September + Oktober: ab 18 Uhr,
Mo Ruhetag

Anfahrt:
B 49 über die Moselstraße bis zur Kardinalstraße, dann in die Weingartenstraße abbiegen

Parken:
Vor dem Haus

Reservierungen:
Reservierungen sind möglich

Anzahl der Sitzplätze:
drinnen 35, draußen 45

Besonderheiten:
Hoffest an Pfingsten, Grillabende Ende Oktober, Flammkuchen-Event, Weinbergswanderung mit Weinprobe

Mein Tipp: Bruschetta mit einem Blanc de Noir

Tipp für Individualisten

Fernab des Trubels der Bernkasteler Moselpromenade liegt der Brunnenhof im gegenüberliegenden Hang auf halber Höhe in einer ruhigen Seitenstraße – von einem Brunnen aber fehlt zunächst jede Spur. Der liegt nämlich im Hof des Gutshauses, das aus der Ferne beinahe unscheinbar wirkt. Die wahre Pracht des Brunnenhofes, ein von Efeu umranktes Fleckchen Ruhe, tief eingegraben zwischen den hohen Wänden von Wohn- und Wirtschaftsgebäude mit einem stillgelegten, natursteinernen Brunnen, offenbart sich erst auf den zweiten Blick. Die Familie Herges bewies Geschmack und Weitblick gleichermaßen, als sie sich vor 20 Jahren dazu entschloss, die Tradition des über 300 Jahre alten Weinguts fortzuführen. Drei Hektar Rebfläche im Kardinalsberg und der Badstube gehören dazu, die sich in 75% Riesling-, 10% Chardonnay- und Grauburgundertrauben sowie 15% Trauben von Frühburgunder, Spätburgunder und Schwarzriesling aufteilen. Bernd und Stefanie Herges bezeichnen sich gerne als Individualisten, die individuellen Weine kreieren, was ich bestätigen kann: Der Riesling Kabinett feinherb beispielsweise überzeugt mit einem kräftigen Bukett, das sich in der Nase Stück für Stück entfaltet und von einer intensiven Frucht untermalt wird. Auch bei den Rotweinen geht man eigene Wege, was in diesem Fall mit Lagerung im Holzfass und ausreichend Zeit zur Reife gleichgesetzt werden kann – beides keineswegs selbstverständlich. Auch die übersichtliche Speisekarte gestaltet sich individuell in Form der üblichen Spezialitäten, aber mit pfiffigen Abwandlungen: So gibt es statt Gulaschsuppe ein Weingulasch im Brottopf und zusätzlich zum Brot mit Wurst oder Käse auch Bruschetta mit Linsen- oder Kichererbsen-Paté.

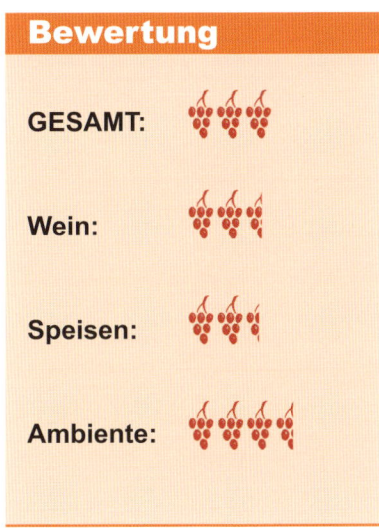

Bewertung

GESAMT:

Wein:

Speisen:

Ambiente:

Riesling-Weingut Erben Karl Dillinger
Straußwirtschaft

Graacherstraße 32a
54470 Bernkastel-Kues
Tel. 06531/7800
Rieslingweingut-Dillinger@gmx.de
www.dillinger-ferienwohnungen.de

Öffnungszeiten: Mai – 1. Oktoberwochenende: täglich ab 15,
Sa, So + Fei ab 11.30 Uhr, Mi Ruhetag

Anfahrt:
Über die B 53 bis kurz hinter der Brücke, von dort aus zu Fuß in die Altstadt
zum Bärenbrunnen ca. 5 Minuten Geh-
weg

Parken:
An der Mosel

Reservierungen:
Reservierungen sind möglich

Anzahl der Sitzplätze:
drinnen 50, draußen 30

Besonderheiten:
Wechselnde Bilder- und Fassdauben-
ausstellungen

Mein Tipp: Flammkuchen Elsässer
Art mit einem 2014er Riesling Kabinett
feinherb

Bärenstark

Mitten in der malerischen Altstadt Bernkastels, unweit des Graacher Tores, steht ein sehenswerter, steinerner Wasserbrunnen, an dem sich zwei bronzene Bären laben. Die beiden sind wohl die einzigen, die sich dem urgemütlichen Charme der Straußwirtschaft Dillinger entziehen können. Denn das natursteinerne Gemäuer mit seinen hohen Fenstern spendet dank einer großzügigen Markise und eines nicht minder behaglichen Daches aus rankenden Reben Zuflucht vor Sonne und Stress. Einmal Platz genommen – ob draußen am Brunnenpütz, in der lockeren Laube oder drinnen in der illustren Probierstube – möchte man gar nicht mehr aufstehen. Die herzliche Atmosphäre der Familie, die hier seit 30 Jahren ihre Gäste bewirtet, macht den Aufenthalt behaglich, die ansprechenden Weine des Hauses machen ihn genüsslich. Riesling-, Spätburgunder- (auch als Roséwein) und Dornfeldertrauben aus 2,5 Hektar der Bernkasteler Badstube, der Bernkasteler Lay, dem Kardinalsberg und dem Graacher Domprobst werden von Winzer Karl Friedrich Dillinger verlesen, gekeltert und erst relativ spät abgefüllt. Entsprechend gereift wirken die Tropfen, die besonders fruchtbetont sind. Dazu werden allerlei Winzerspezialitäten gereicht: Schmalztöpfchen, Wurstsalate, Weinkäse, Spundekäs und Flammkuchen, aber auch Linsen-, Kartoffel- oder Käsesuppen stehen zur Wahl. Auch im Angebot: Die Möglichkeit zur Übernachtung in einer der geschmackvoll eingerichteten Ferienwohnungen. Winzersohn Karl Phillip macht derzeit freilich keine Ferien, sondern studiert in Geisenheim. Er wird die 350-jährige Tradition des Familienweinguts in Zukunft fortschreiben. Nur die beiden Bären wird wohl auch er nie als Gäste begrüßen dürfen.

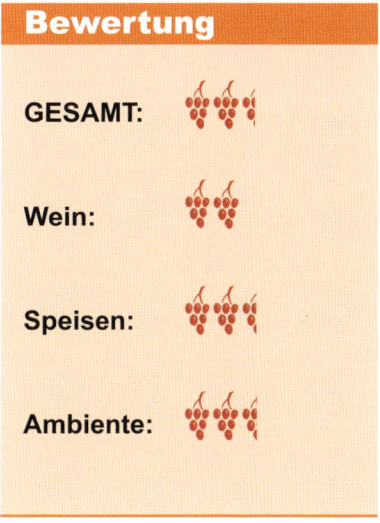

Bewertung

GESAMT:

Wein:

Speisen:

Ambiente:

Weingut Karl O. Pohl / Gutsweinstube

Uferallee 4
54470 Bernkastel-Wehlen
Tel. 06531/970226
info@gutsweinstube-pohl.de
www.weinpohl.de

Öffnungszeiten: Mai – Oktober: Mi – Sa, ab 17, So ab 11 Uhr

Anfahrt:
Von Bernkastel aus über die L 47 bis Wehlen, dann rechts abbiegen Richtung Brücke, direkt vor der Brücke links, dann wieder links in die Uferallee.

Parken:
Vor dem Haus und an der Mosel

Reservierungen:
Reservierungen sind möglich

Anzahl der Sitzplätze:
drinnen 48 , draußen 30

Mein Tipp: Winzersteak mit pikantem Krautsalat und (in meinem Fall) Bratkartoffeln, dazu eine fruchtsüße Spätlese aus dem Graacher Himmelreich

Hand in Hand

Es sind vielleicht „nur" zwei Hektar der Wehlener Sonnenuhr, des Graacher Domprobstes, des Graacher Himmelreichs und des Bernkasteler Johannisbrünnchens, deren Pflege dem Weingut Karl O. Pohl obliegt, aber diese zwei Hektar Reben an der Mittelmosel reichen vollkommen aus, um erstklassige Weine zu keltern. Zumindest wissen die Brüder Stefan und Christopher Pohl, wie sie den wurzelechten Reben edle Tropfen entlocken können: durch umweltschonende Verfahrensweise, streng selektive Lese, kleine Erträge sowie eine klare Ausbauphilosophie. Und natürlich Erfahrung. Doch die jüngste Generation kommt (und das nicht nur hier) zusätzlich mit Hochschulabschlüssen in Önologie sowie Ökologie daher oder wie hier zwar mit Hochschulabschluss aber als Quereinsteiger. Wie auch immer: Entstanden sind auf diese Weise kraftvolle, aber dennoch leichte Weine. Im Fall der Brüder Pohl ausschließlich Riesling: trocken, halbtrocken, feinherb, fruchtsüß und edelsüß mit ausgeprägtem Schiefercharakter. Obgleich der Generationenwechsel bereits 2014 erfolgreich vollzogen wurde und die über 400-jährige Familienweinbautradition auch in Zukunft fortgesetzt wird, sind die Eltern Karl und Marianne Pohl nicht völlig aus der Verantwortung. In der Gutsweinstube bewirten sie ihre Gäste auf herzliche Art und Weise, sodass der Service hier gar ein wenig über das Übliche hinausgeht. Sei es durch die eine oder andere Winzergeschichte oder durch ein frisch gegrilltes Steak (sehr zu empfehlen!). Aber auch Gulaschsuppe, Schmalzbrot, Wurst und Käse sowie Schwartenmagen mit Bratkartoffeln und Schweinefilet mit Rösti stehen zur Auswahl. Ebenso wie Sekt und Secco, die allerdings immer schnell ausgetrunken sind – hier ist Eile geboten.

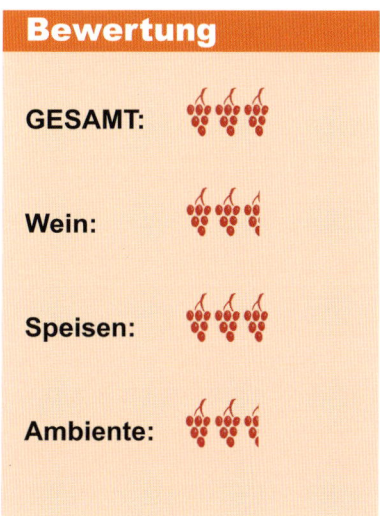

Bewertung

GESAMT:

Wein:

Speisen:

Ambiente:

Weingut Franz Friedrich-Kern Straußwirtschaft

Hauptstraße 98
54570 Bernkastel-Wehlen
Tel. 06531/3156
info@kern-wein.de
www.kern-wein.de

Öffnungszeiten: Anfang Mai – Anfang Juni, Mitte Juli – Mitte Oktober:
täglich ab 11, Mi Ruhetag, Do ab 17 Uhr

Anfahrt:
L 47 von Bernkastel bis Wehlen, dann rechts in die Hauptstraße, gegenüber der Kirche

Parken:
Auf der Straße direkt am Haus

Reservierungen:
Reservierungen sind möglich

Anzahl der Sitzplätze:
drinnen 35, draußen 35

Besonderheiten:
Christi Himmelfahrt: Tage der offenen Weinkeller, Sommerfest, September Herbstfest, Advent: Weinglühen

Mein Tipp: Gebratener Hunsrücker Flammkäse, Balsamico-Tomate und Bauernbrot, 2015er Riesling Kabinett feinherb Graacher Himmelreich

Aus Zwei mach Eins

Je nachdem, wie man es dreht und wendet, ist das Weingut Franz Friedrich-Kern schon sehr alt oder noch relativ jung. Eins ist es aber gewiss: reich an Tradition. Und zwar sowohl was die eigene Geschichte angeht, als auch was die bewirtschafteten Weinberge betrifft. Zeltinger Himmelreich und Sonnenuhr, Bernkasteler Johannisbrünnchen und Matheisbildchen, Graacher Himmelreich, Piesporter Goldtröpfchen und Wehlener Sonnenuhr. Namen wie Hypotheken, aber auch Namen wie Glückslose, denn nicht jeder Winzer kann solche Lagen oder auch nur Bruchteile (in diesem Fall: fünf Hektar) davon sein Eigen nennen. Das Weingut Friedrich-Kern darf sich zu den Glücklichen zählen und verdankt diesen Umstand der Vermählung der Winzerfamilien Kern aus Wehlen und Friedrich aus Piesport im Jahre 1938, wobei Letztere damals schon ihren 185. Jahrestag beging. Dagegen ist die Straußwirtschaft mit ihren 31 Jahren geradezu jugendlich, vor allem aber ist sie unkompliziert: Zu den überwiegend fruchtig-lebhaften, mineralischen Rieslingweinen (in klassichen Fuderfässern ausgebaut!) reicht Mechtilde Friedrich typisch bodenständige Gerichte, jedoch aus teils exquisiten Zutaten: Rohesser vom örtlichen Metzgermeister mit Meerrettich, Hunsrücker Flammkäse an Balsamico-Tomate, geräucherte Forellenfilets (von der Abtei Himmerod) mit Sahnemeerrettich oder ein Käseteller mit Ziegenkäse (vom Vulkanhof). Und wenn man vor Überschwang doch einmal zu kräftig zugelangt hat, sind die Gastgeber zugleich noch mit einem passenden Digestif aus eigenem Hause zur Stelle. Trester-, Hefe- und Edelobstbrände sind im Angebot, ebenso wie ein Likör vom Weinbergspfirsich.

Bewertung	
GESAMT:	🍇🍇🍇
Wein:	🍇🍇🍇
Speisen:	🍇🍇🍇🍇
Ambiente:	🍇🍇🍇

„Riesling Café", Weingut Kerpen
Straußwirtschaft

Uferallee 6
54470 Bernkastel-Wehlen
Tel. 06531/6868
info@weingut-kerpen.de
www.weingut-kerpen.de

Öffnungszeiten: Mitte Mai – Ende Juni, Mitte August – Ende September:
Do – So 12 – 18 Uhr

Anfahrt:
Von Bernkastel über die L 47 bis Wehlen, rechts ab Richtung Brücke, vor der Brücke links abbiegen, dann wieder links in die Uferallee

Parken:
Vor dem Haus und an der Mosel

Reservierungen:
Reservierungen sind möglich

Anzahl der Sitzplätze:
drinnen 30, draußen 50

Besonderheiten:
Weinkulturtage von Christi Himmelfahrt bis Pfingsten, Weinproben im Kelterhaus

Mein Tipp: Apfel-Riesling-Kuchen mit Zimtsahne und einer Tasse Kaffee, aber man sollte sich auch einen fruchtsüßen Riesling dazu gönnen

Das ergibt Sinn

„Riesling-Café" nennt die Familie Kerpen, was ihre Kollegen Straußwirtschaft nennen. Das passt, gleich aus mehreren Gründen: Zum einen hat
das Riesling-Café nur nachmittags (bis 18 Uhr) geöffnet und zum anderen findet sich neben den Weinen und den üblichen, wenn auch wenigen
Spezialitäten (Ofenkäse mit Knoblauchduft sowie Wurst- und Käsevariationen mit Brot) ein Hinweis auf Kaffee, Tee und hausgemachten Kuchen, den man sich nicht entgehen lassen sollte. Sodann nimmt man im
Schatten des schmucken Gutshauses unter einem wundervollen Mag-
nolienbaum mit ausladenden Ästen Platz, nicht mal einen Steinwurf vom
Moselufer entfernt. Mit den tuckernden Moseldampfern im Ohr und dem
regen Winzertreiben des gegenüberliegenden Steilhanges im Blick, lässt
es sich nicht nur entspannen, sondern auch über das Mosel-Winzer-Da-
sein sinnieren. Zum Beispiel über das der Familie Kerpen, die neben
dem idyllischen Riesling-Café auch noch einen anheimelnden Gutssitz
und gut 8 Hektar Land in achter Generation verwaltet und bewirtschaftet. 55% der kultivierten Reben (ausschließlich Riesling) gedeihen in der
Wehlener Sonnenuhr, 25% von ihnen im Graacher Himmelreich. Robert
Parker vergab für die größtenteils in Eichenholzfässern, natürlich aus-
gebauten Weißweine schon einmal fünf (von fünf) Sterne, wohingegen
die deutschsprachigen Kritiker etwas zurückhaltender sind. Aber auch die
werden noch bekehrt, spätestens wenn es mit dem frischen Wind der
Geisenheim-Absolventen Marie-Luise und Matthias in die neunte Generation geht.

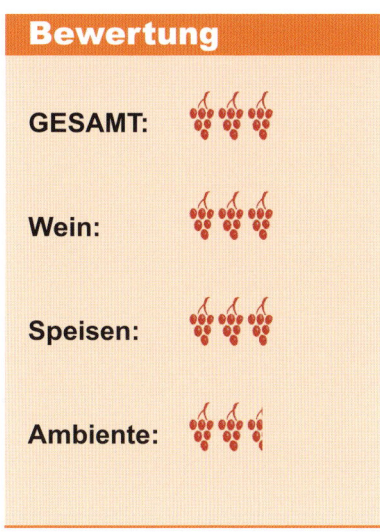

Bewertung	
GESAMT:	🍇🍇🍇
Wein:	🍇🍇🍇
Speisen:	🍇🍇🍇
Ambiente:	🍇🍇🍇

Weingut Fehres Straußwirtschaft

Nussbaumallee 9
54472 Brauneberg
Tel. 06534/93210
kontakt@weingut-fehres.de
www.weingut-fehres.de

Öffnungszeiten: Mitte Mai – Mitte Juni, Anfang Juli – Anfang Oktober:
Di – Sa ab 12 Uhr

Anfahrt:
Von Bernkastel über die B 53 bis zum Kirchturm nach Brauneberg, 1. Straße rechts bis zur Mosel, dann links

Parken:
Ausreichend Plätze an der Mosel

Reservierungen:
Reservierungen sind möglich

Anzahl der Sitzplätze:
drinnen 35, draußen 20

Besonderheiten:
Laubencharakter der Straußwirtschaft, Gästezimmer, Bett & Bike

Mein Tipp: Gegrillter Ziegenkäse an Salat mit einem fruchtsüßen Kabinett

Fräuleinwunder

Seit 2014 steht die einstige Weinkönigin Katja Fehres ihren Mann im Brauneberger Familienweingut, das in den 1960er Jahren noch ein Mischbetrieb aus Weinbau und Landwirtschaft war. Daran ist heute allerdings nicht mehr zu denken, denn die Weine sind mittlerweile von solch einer Klasse, dass ein zweites Standbein nicht mehr nötig ist. Neben der Winzerin selbst ist dafür auch das Terroir des Brauneberger Juffer verantwortlich, dem die meisten Trauben des aufstrebenden Weinguts entstammen. Doch unter den 3,8 Hektar Rebflächen befindet sich mit dem „Fräuleinwunder" auch ein ganz besonderer Weinberg. Nämlich einer, den seit drei Generationen ausschließlich die Damen des Hauses kultivieren, und zwar mit einer gehörigen Portion Selbstbewusstsein: Spritzige, fruchtige Rieslinge, nicht ohne ein gewisses Maß an Restsüße, für die Großmutter Gerda auf dem Etikett persönlich einsteht. Fehlt eigentlich nur noch Mutter Christa Fehres, die mit Leidenschaft für die Köstlichkeiten zum Wein sorgt. So finden sich dann auch mal etwas anspruchsvollere Gerichte auf der Karte, wie die empfehlenswerten Räucherforellenfilets mit geeister Preiselbeersahne. Die Straußwirtschaft selbst liegt unmittelbar am Mosel-Radweg und lädt mit ihrem Laubencharakter zum Verweilen ein – nicht nur Radler. Nicht unerwähnt bleiben sollten die überaus angenehmen Gästezimmer der zum Gut gehörenden Pension. Und wem dann noch der Sinn nach etwas Kultur steht, der kommt bei den wechselnden Matinees auf seine Kosten. Übrigens: Eine kleine, aber feine Auswahl an Rotweinen (Regent), Perlweinen (als Rosé oder Brut), Bränden und Likören hat Katja Fehres auch im Angebot.

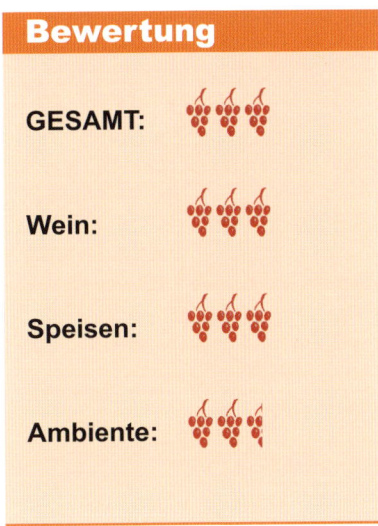

Bewertung

GESAMT:

Wein:

Speisen:

Ambiente:

Weingut Zum Weinfass Klein-Götz
Straußwirtschaft

Kirchstraße 15
56814 Bruttig-Fankel
Telefon 02671/4217
info@ferienweingut-klein-goetz.de
www.ferienweingut-klein-goetz.de

Öffnungszeiten: Anfang Mai – Mitte Juni, Mitte Juli – Ende Oktober: ab 18 Uhr

Anfahrt:
7 km von Cochem moselaufwärts, B 53 bis Ortsmitte, an der Touristeninformation die nächste Straße rechts, in Bruttig Nähe der Kirche

Parken:
75 m entfernt an der Mosel

Reservierungen:
Reservierungen sind möglich

Anzahl der Sitzplätze:
drinnen 40, draußen 40

Besonderheiten:
2 x im Jahr Hoffest (Himmelfahrt-Wochenende und 3. Wochenende im September), jeden Donnerstag Grillabend (nur auf Vorbestellung)

Mein Tipp: Spießbraten mit Spätburgunder. Und: Besuchen Sie den Grillabend!

Klein(-Götz) aber oho!

Wenn die Familie Klein-Götz auf ihrer Internetseite damit wirbt, dass Weine ihre Leidenschaft seien und sie sich mit ganzem Herzen dieser widmen, dann ist das nicht gelogen, sondern schmeck- und erlebbare Wahrheit. Denn auf einer doch recht großen Rebfläche von sechs Hektar im Pfarrgarten, in der Götterlay, im Rathausberg, Kappellenberg und dem Layenberg erzeugen Winzer Dietmar und sein Sohn Florian eine beeindruckende Auswahl an Rot- und Weißweinen. Entscheidend für alle guten Weine, so die beiden Winzer, ist es, die individuelle Arbeitsweise und die notwendige Entwicklungsbeobachtung möglichst optimal auf Rebsorte, Lage und Boden abzustimmen, um möglichst gleichbleibend hohe Qualitäten zu erzielen. Dank perfekt getimter Lese und schonender Verarbeitung kreieren sie jahrgangstypische, dem Sortencharakter entsprechende Weine mit Filigranität, dichtem Bukett und fruchtiger Eleganz. Ein Beispiel: die nach Zitrusfrüchten duftende Riesling Spätlese Zenit halbtrocken mit viel Körper und angenehmer Mineralität. Die vielen Staatsehren-, Bundesehrenpreise und Prädikate, die die Familie Klein-Götz errungen hat, kommen schließlich nicht von ungefähr. Ausgezeichnet entspannen lässt es sich indes in der Weinlaube, die zur Straußwirtschaft von Dietmars Ehefrau Karola und Schwiegertochter Jennifer gehört. Unter einem Dach aus Rebblättern und Weintrauben sitzt man hier, gelegen in einer kleinen Gasse (Schinderhannesschrein!), völlig abgeschieden vom Trubel. Serviert werden täglich wechselnde warme Gerichte wie Spießbraten mit Kartoffelsalat, Grillhaxe mit Sauerkraut, Flammkuchen oder gebackener Camembert und verschiedene kalte Speisen (insbesondere Vesperplatten).

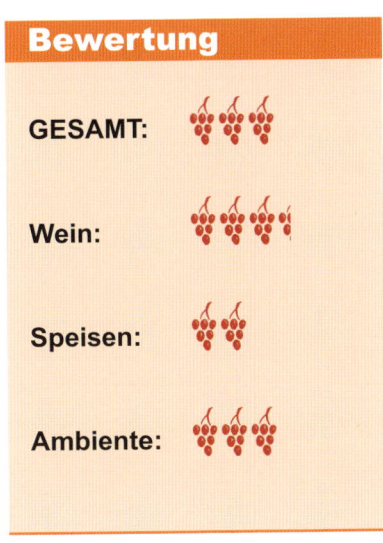

Bewertung

GESAMT:

Wein:

Speisen:

Ambiente:

Weingut Amlinger-Schardt Straußwirtschaft

Fährstraße 6
56859 Bullay
info@weingut-amlinger-erben.de
www.amlinger-erben.de

Öffnungszeiten: Ende März – Ende Oktober: Mi – So ab 11 Uhr

Anfahrt:
B 53 von Zell nach Bullay, geradeaus über die L 199 durch die Unterführung, von dort aus ca. 300 Meter links in die Fährstraße Richtung Mosel

Parken:
10 Meter vom Haus entfernt befindet sich ein großer Parkplatz

Reservierungen:
Reservierungen sind möglich

Anzahl der Sitzplätze:
drinnen 60, draußen 60

Besonderheiten:
Granit-Fasslagerung im 1000-Liter-Fass auf Premiumlinie aufgebaut, exklusives Hotel für Gäste, über den Höhen von Bullay

Mein Tipp: Gebratene Hähnchenbruststreifen auf Blattsalat mit einem 2014er Riesling Grantium

Eine Moselperle

Christian Schardt ist Winzer, Weinbautechniker und einer derjenigen, die mit Ideenreichtum und präzisen Vorstellungen zum Thema Wein den Fortschritt vorantreiben. Zusammen mit zwei erfahrenen und versierten Mitarbeitern bildet er ein kongeniales Dreigestirn, das sich der Herausforderung von 8 Hektar Rebfläche im Bullayer Brautrock (Südlage) und dem Graf-Beißel-Herrenberg wie auch der von über 100 Jahren Tradition gerne stellt. Ihr Tun und Handeln ist geprägt von den weinphilosophischen Leitmotiven Qualitätsorientierung, Innovation und Natürlichkeit. Von daher überrascht es wenig, dass die Weine einen moseltypischen Charakter aufweisen: fruchtige und lebendige Tropfen mit einem Hang zu feingliedrigem Körper und unverkennbarer Mineralität. Diese werden in der hauseigenen Vinothek und Straußwirtschaft kredenzt, nur einen Steinwurf von der Mosel entfernt (für den Fall der Fälle gibt es auch eine teilüberdachte Außenterrasse). Rivaner, Riesling und verschiedene Burgundersorten (weiß wie rot) kommen hier auf den Tisch, in einem Ambiente aus modernem Chic und gehobenem Mobiliar. In der Küche schwingt derweil schon seit vielen Jahren Waltraud Schardt (Mutter und gute Seele des Hauses) den Kochlöffel – und das in herausragender Manier mit täglich neuen Ideen für die Frischeküche. Auf der Karte finden sich Klassiker wie Spundekäs, Schinken-, Käse- und Winzerteller sowie der hausgemachte Flammkuchen. Es stehen aber auch frische Salate, gegrillte Garnelenspieße, Forelle mit gerösteten Mandeln, Sekt-Sorbet und Trüffel mit Weinganache auf der Speisekarte. Das Angebot an Schnäpsen und Likören ist beachtlich!

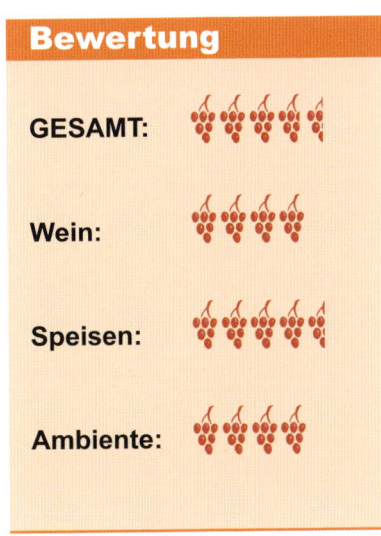

Bewertung

GESAMT:

Wein:

Speisen:

Ambiente:

„Brautrockkeller", Weingut Franz-Josef Anker
Straußwirtschaft

Bahnhofstraße 14-16
56859 Bullay
Tel. 06542/2848
info@weingut-anker.de
www.weingut-anker.de

Öffnungszeiten: Mai – Anfang August: Mo, Mi, Do ab 17; Di, Fr, Sa,
So und Fei ab 11.30; Anfang September – Mitte Oktober: Di + Do ab 16,
Mi, Fr, Sa, So und Fei ab 11.30 Uhr

Anfahrt:
B 53 von Zell nach Bullay durch die
Unterführung, ca. 100 Meter auf der
rechten Seite

Parken:
Vor dem Haus

Reservierungen:
Reservierungen sind möglich

Anzahl der Sitzplätze:
drinnen 40, draußen 40

Mein Tipp: Niederländische Poffertjes
mit Schokosoße zu einem Blanc de
Noir

Gut und günstig genießen

Seit drei Generationen hegt und pflegt man im Weingut Franz-Josef Anker zwei Hektar Weinbergsfläche in den Steillagen der Mittelmosel: in der Zeller Schwarzen Katz und im Bullayer Brautrock. Letzere hat auch der hauseigenen Straußwirtschaft, die schon seit 1982 besteht, ihren Namen verliehen. Der Brautrockkeller ist vom Charakter mehr eine Laube als ein Keller, welche sich im Hof des Gutes erstreckt und daher besonders bei schönem Wetter (und langen Abenden) angesagt ist. In hochwertigen Terrassenmöbeln kann der Weinwanderer hier im Ortskern von Bullay wunderbar die erschöpften Füße von sich strecken und sich von Winzergattin Monika Anker mit einer Winzerspezialität aufmuntern lassen: Kalte wie warme Speisen stehen auf der Karte, wobei diverse Wurstspezialitäten sowie Variationen vom Flammkuchen das Steckenpferd von Monika zu sein scheinen. Von Seltenheitswert sind dagegen die niederländischen Poffertjes: einfach und lecker. Und während man so bei Poffertjes (das sind etwa münzgroße, süße Pfannkuchen) und einem Glas Wein den Blick schweifen lässt, erblickt man das Konterfei von Weinkönigin Jenny I. (2011-2013), der Tochter des Hauses. Jenny ist überall zur Stelle und ihrem Stiefvater Franz-Josef eine wichtige Stütze, wenn es darum geht, harmonisch strukturierte Weine mit eingebundener Säure und ausgeprägten Fruchtaromen zu kreieren. Trauben von Riesling, Rivaner, Kerner, Blauem Spätburgunder und Regent bilden das Reb-Portfolio des Weinguts Franz-Josef Anker. Sie alle werden von Hand gelesen und im Edelstahltank vergoren – überwiegend zu halbtrockenen bzw. feinherben Weinen. Hinzu kommen Secco, Brände und Liköre, allesamt zu äußerst günstigen Preisen.

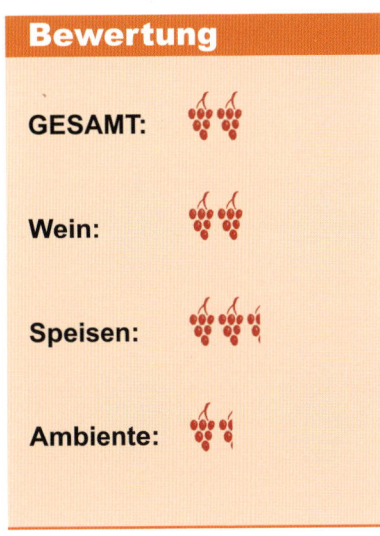

Bewertung

GESAMT:

Wein:

Speisen:

Ambiente:

„Onkel Tom's Hütte", Weingut Friedhelm Lenz
Straußwirtschaft

Onkel Tom's Hütte 1
56859 Bullay
friedhelm-lenz@t-online.de
www.weingut-friedhelm-lenz.de

Öffnungszeiten: Ostern, 1. Mai, Himmelfahrt, Pfingsten und Fronleichnam, Anfang Juli – Ende Oktober: Di – So 11.30 – 22 Uhr

Anfahrt:
B53 von Zell nach Bullay bis zur Ortsmitte, dann rechts der Beschilderung folgen ca. 4-5 km durch den Weinberg

Parken:
Am Haus

Reservierungen:
Reservierungen sind möglich

Anzahl der Sitzplätze:
drinnen 46, draußen 120

Besonderheiten:
Höchstgelegene Straußwirtschaft an der Mosel, nur wenige Meter vom Moselsteig entfernt, Panoramaaussicht

Mein Tipp: Gourmet-Riesling-Sülze mit einem Calmont Riesling

Über den Dächern von Bullay

Die Zeitschrift „Brigitte" kürte „Onkel Toms Hütte", die Straußwirtschaft des Weinguts Friedhelm Lenz, 2014 zum drittwertvollsten Tipp an der Mosel. Zumindest von außen hat die Straußwirtschaft jedoch wenig mit der des gleichnamigen US-Roman oder der allgemeinen Vorstellung einer „Hütte" gemein. Es handelt sich vielmehr um einen idyllischen Gutssitz zwischen Wald und Weinberg, auf einer Anhöhe über Bullay gelegen. Die Aussicht ist fantastisch, die Ausstattung anheimelnd und der gelungene Stilmix aus moselländischer Gastlichkeit, Schwarzwälder Ausflugslokal und mediterranen Elementen begeisternd. In der Küche der höchstgelegenen Straußwirtschaft an der Mosel steht der Chef, Friedhelm Lenz, selbst noch am Herd und zaubert eine recht übersichtliche, aber empfehlenswerte Auswahl an kalten Speisen, wie Käse-, Wurst und Vesperplatten und warmen Speisen, wie beispielsweise Datteln im Speckmantel, Brathering oder gebackenem Camembert. Als wäre das noch nicht genug, sorgt Lenz an den Freitagabenden zusätzlich noch für Live-Musik zum Wein. Der Wein wächst auf 3,8 Hektar Rebfläche im Bullayer Brautrock, dem Neefer Frauenberg und dem Bremmer Calmont. Dank aufwendiger Laubarbeit und langem Hefelager bestechen die Weine von Friedhelm Lenz durch eine wunderbare Frucht, klare Struktur, ein ausgeglichenes Süße-Säure-Verhältnis und mit reichem Bukett. Riesling (auch als Sekt), Weiß- und Grauburgunder, Rivaner, Müller-Thurgau, Dornfelder, Spätburgunder und seit kurzem auch Gelber Muskateller stehen – wie auch eine beachtliche Zahl an Edelbränden und Likören – zur Wahl. Während die Weißen im Stahltank ausgebaut werden, dürfen die Rotweine ein halbes Jahr im Barriquefass reifen, was ihnen durchaus gut bekommt!

Bewertung	
GESAMT:	🍇🍇🍇🍇🍇
Wein:	🍇🍇🍇
Speisen:	🍇🍇🍇
Ambiente:	🍇🍇🍇🍇🍇

Weingut Daniel Bach Straußwirtschaft

Brausestraße1
56812 Cochem
Tel. 0175/4193123
kontakt@bach-wein.de
www.bach-wein.de

Öffnungszeiten: Mitte Mai – Mitte Juni, Mitte Juli – Ende Oktober: tägl. ab 17 Uhr, Mi Ruhetag

Anfahrt:
B 49 bis Cochem Sehl, am Kreisverkehr links, an der Bäckerei rechts

Parken:
großer Parkplatz

Reservierungen:
Reservierungen sind möglich

Anzahl der Sitzplätze:
drinnen 30, draußen 18

Besonderheiten:
Hoffest am 1. Mai-Wochenende, Veranstaltungen wie Käse und Wein, jeden Dienstag Weinprobe, jeden Samstag Weinerlebnistour und Comedy im Weingut: Termine im Internet

Mein Tipp: Spundekäs mit Schmalz und ofenfrischem Brot mit einem Rotling

Gesundes Fundament für die Zukunft

Cochem hat zweifellos viel zu bieten, traditionelle Straußwirtschaften sind aber in diesem Mosel-Touristenmagnet eher die Ausnahme. So muss man bis in den Ortsteil Sehl fahren, wo abseits der Hauptstraße ein bemerkenswerter junger Mann in einem über 100 Jahre alten Winzerhaus seine Gäste empfängt. Daniel Bach ist ein talentierter Nachwuchswinzer, der keinen alteingesessenen Familienbetrieb übernommen hat, sondern er führt ein junges Weingut von überschaubarer Größe. 1,5 Hektar Rebfläche im Cochemer Rosenberg, Klostergarten und Nikolausberg sowie im Ernster Feuerberg sind sein Eigen. Die Weine (neben Riesling sind es Weißburgunder, Kerner, Dornfelder und Regent) präsentieren sich fruchtig und erfrischend, dank moderatem Alkoholgehalt leicht sowie mit sortentypischem Charakter. Gerade die Lagenweine, die von Hand selektiert und gelesen werden, kommen mitunter auch recht elegant daher. Dennoch ist es der spritzige Secco, der mich am meisten begeisterte. Überzeugend ist neben der frühreifen Winzerleistung Daniel Bachs auch und vor allem die (vorwiegend kalte) Küche der Straußwirtschaft. Hier beweist Bach Geschmack und Gespür gleichermaßen: Geschmack im Sinne einer angenehmen, stilsicheren Gestaltung der altehrwürdigen (kleinen) Räumlichkeiten sowie Gespür für wertvolle Zutaten und erstklassige Rohprodukte. In diesem Sinne sind die Speisen aus der Winzerküche – Spundekäs, Schmalztöpfchen, Schinkenvariationen und frisches Brot – einfach gehalten, aber von hoher Qualität. Eine mehr als solide Basis, auf der der junge Winzer definitiv aufbauen kann – und wird.

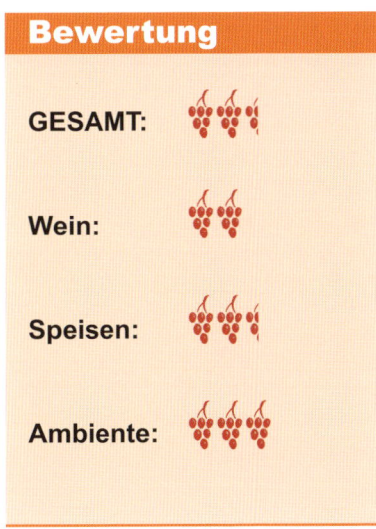

Bewertung

GESAMT:

Wein:

Speisen:

Ambiente:

Weingut Jörg Thul Straußwirtschaft

Neustraße 17
54340 Detzem
Tel. 06507/993077
info@weingut-thul.com
www.weingut-thul.com

Öffnungszeiten: Mai – Mitte Juli: Do ab 13, Fr ab 16, Sa + Sa ab 14 Uhr; Mitte September – Ende Oktober: Do ab 13, Fr + Sa ab 15, So ab 14 Uhr

Anfahrt:
B 53 bis Thörnich, rechts abbiegen auf die K 86 nach Detzem, die Verlängerung der Hauptstraße ist die Neustraße

Parken:
Vor dem Haus

Reservierungen:
Reservierungen sind möglich

Anzahl der Sitzplätze:
drinnen 25, draußen 20

Besonderheiten:
Bett & Bike, Weihnachts-Vinothek immer am 3. oder 4. Advent

Mein Tipp: Berg-Flammkuchen mit Allgäuer Bergkäse und rohem Schinken mit einer Riesling Spätlese Alte Reben aus der Steillage

Goldtröpfchen und Versfüße

Der Name Thul ist unter den Moselwinzern nicht selten, denn die Familie entwickelte sich wie so viele über die Jahrhunderte zu einer Winzerdynastie. Das Weingut Jörg Thul aus Detzem besteht nunmehr in der dritten Generation und geht ganz eigene Wege. Die Pflege und Bewahrung der Steillagenkultur ist dabei das wichtigste Anliegen der Familie, denn sie ist dem eigenen Selbstverständnis nach das typische Merkmal der Mosel – zu Recht, denn ohne die Steillagen verlöre die Mosel nicht nur ein Vielfaches an Reiz, sondern auch einen wichtigen Teil ihres Charakters. Acht Hektar der Detzemer Maximiner Klosterlay, des Piesporter Goldtröpfchens und des Krettnacher Altenbergs besitzt die Familie (2 Hektar davon in Steillage), wobei das Goldtröpfchen wohl besonders verheißungsvoll ist. Rivaner, Weißburgunder, Chardonnay, Spätburgunder und Dornfelder sowie die seltenen Findling und Bacchus befinden sich neben Riesling im Repertoire von Winzer Jörg, der seit 1990 am Ruder ist. Seine Tropfen sind bekannt für ein ausgeprägtes Fruchtspiel, ausgewogene Mineralität und Bodenständigkeit. Beinahe so bekannt wie die Weine des Familienweinguts ist aber auch die muntere Poesie von Winzergattin Christine Thul, die dem Weingut und der Straußwirtschaft mit ihren liebevollen Reimen und Illustrationen einen verträumten Charakter verleiht. Neben Lyrik und Wein kommen hier auch Schmalzbrote, Winzerschmankerl, Bauernsülze, Käsetöpfchen, Gulaschsuppe und Flammkuchen auf den Tisch. Einzig der geringe Platz in der heimeligen Probierstube kann angesichts der einträchtigen Verbindung aus kleinen Leckereien, Versfüßen und beachtlichen Weinen schon einmal eng werden.

Bewertung

GESAMT:

Wein:

Speisen:

Ambiente:

Weingut Haupts **Gutsschänke**

Nikolausstraße 7
56814 Ediger-Eller
Tel. 02675/1592
info@weingut-haupts.de
www.weingut-haupts.de

Öffnungszeiten: Ostern – Mitte November: täglich ab 17 Uhr

Anfahrt:
B 49 nach Ediger-Eller in den Ortsteil Ediger, von der Mosel bis in die Nikolausstraße ca 30 Meter zu Fuß

Parken:
Direkt an der Mosel sind genügend Parkplätze vorhanden

Reservierungen:
Reservierungen sind möglich

Anzahl der Sitzplätze:
drinnen 45, draußen 40

Besonderheiten:
Geführte Weinbergswanderungen

Mein Tipp: Schweinesteak vom Rebholzfeuer zum selbstgemachten Kartoffelsalat mit einem Ediger Elzhofberg Terrassen Riesling feinherb

Die Winzerstube und das Rebholzfeuer

Das Weingut Haupts befindet sich schon seit vielen Generationen in Familienhand, aktuell in der von Karl-Josef Haupts. Sein ältester Sohn Johannes sammelt zur Zeit Erfahrungen in anderen Weinbaubetrieben, ehe er mit neuen Eindrücken und eigenen Ideen vollends in das Familiengeschäft einsteigen wird. Beide sind von Haus aus Weinbautechniker und hängen mit Leidenschaft an den 3 Hektar Rebflächen, die sich zu 98% in den Steillagen von Elzhofberg, Feuerberg und Osterlämmchen befinden und hauptsächlich Riesling, Rivaner und (Blauen) Spätburgunder hervorbringen. Haupts Weine sind von feiner, fruchtiger Machart, Eleganz mit ausgeglichenem Süße-Säure-Spiel. Besonders gefällig sind die moderaten Alkoholwerte, die zu der modernen Stilistik des Hauses passen: wohlschmeckende Weine ohne Ecken und Kanten. Die Blauen Spätburgunder, von denen es gerne noch ein paar mehr werden dürften, werden weiterhin in Eichenholzfässern ausgebaut, obwohl die Konkurrenz auch häufig Edelstahltanks bevorzugt. Karl-Josefs Ehefrau, Claudia Haupts, ist zuständig für die „Alte Winzerstube" in einem der ältesten Fachwerkhäuser von Ediger-Eller mit altem Steinbackofen und offenem Kamin. Dieses urige Ambiente wird passend ergänzt von geradezu antikem Mobiliar und historischen Zeugnissen des Winzeralltags ohne dass es aufdringlich erschiene. Im Vordergrund stehen viel mehr die Kleinigkeiten zum Wein: Schmalzbrote, Wingertskäse sowie die üblichen Vesperplatten werden gerne gegessen. Hinzu gesellt sich eine Handvoll warmer Gerichte, wie gebackenem Camembert mit Preiselbeeren auf Toast, einer Käse-Lauchcremesupppe mit Brot oder einer Grillwurst vom Rebholzfeuer mit selbstgemachtem Kartoffelsalat.

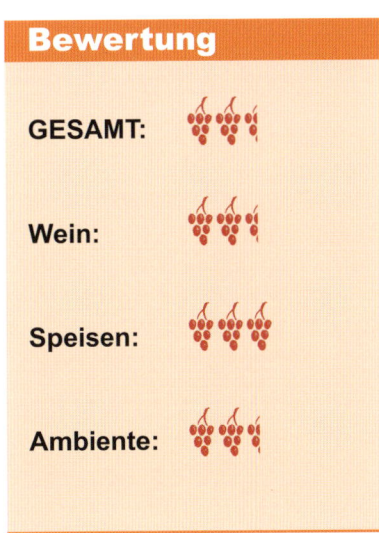

Bewertung

GESAMT:

Wein:

Speisen:

Ambiente:

Weingut Margaretenhof Altes Zehnthaus /
Straußwirtschaft

Bachstraße 17-19
56814 Ediger-Ellers
Tel. 02675/357
info@schinnen.de
www.schinnen.de

Öffnungszeiten: Anfang Mai – Mitte Juni, Anfang August – Ende November:
Mi – Sa ab 18.30 Uhr

Anfahrt:
B 49 bis Ediger Eller in Richtung Kirche

Parken:
An der Mosel, 100 Meter zu Fuß entfernt

Reservierungen:
Reservierungen sind möglich

Anzahl der Sitzplätze:
drinnen 40

Besonderheiten:
Hoffest am 1. Wochenende im Oktober

Mein Tipp: Gebackener Camembert mit einem 2014 Dornfelder Rotwein trocken

Neue Generation übernimmt

Das Weingut Margaretenhof der Familie Lothar Schinnen zählt seit vielen Generationen zur Winzerriege Ediger-Ellers. Über die Jahre hat sich viel getan: So nennt das Weingut mittlerweile 4,2 Hektar Rebflächen im Ediger Elzhofberg, im Ellerer Pfirsichgarten, im Ediger Osterlämmchen und in der Ellerer Bienenlay sein Eigen. Riesling, Chardonnay, Kerner, Müller-Thurgau, Spätburgunder und Dornfelder werden hier an- und überwiegend (bis zu 60%) trocken ausgebaut – die weißen Weine in Edelstahltanks, die roten bis zu 12 Monate im Barrique-Holzfass. Die Weine vom Margaretenhof sind geprägt von intensiven Fruchtnoten und einer gefälligen Mischung aus Intensität und Finesse – einem Maßstab, dem sich Winzersohn Christian ab 2017 stellen muss. Sein Rohwissen hat der Nachfolger unter anderem bei Auslandserfahrungen in Australien und Neuseeland feingeschliffen und wird damit die Erzeugnisse des Familienweinguts gewiss noch einen Schritt weiter nach vorne bringen. Die Straußwirtschaft von Winzer Lothar Schinnen und seiner Ehefrau Waltraud wurde indes schon vor Jahren auf ein neues Level gehoben: Mit der Renovierung des alten Zehnthauses inmitten der kleinen Gässchen des Ortskerns von Ediger-Eller wurde nämlich der historische Gewölbekeller aus dem 13. Jahrhundert eindrucksvoll restauriert. Eingerichtet mit urigem Mobiliar lässt es sich hier unten urtypisch genießen und entspannen. Dazu trägt sicherlich auch die einfache (kalte wie warme) Küche mit Griebenschmalzbrot, Winzervesper, ofenfrischen Laugenbrezeln, überbackenem Schlemmerfladen, Käsevariationen, Wurstsalat und Gulaschsuppe bei. Vor allem aber die nette und herzliche Art der Familie.

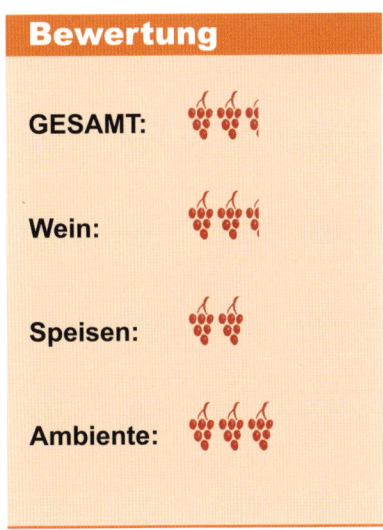

Bewertung

GESAMT:

Wein:

Speisen:

Ambiente:

Springiersbacher Hof Café und Straußwirtschaft

Oberbachstraße 30
56814 Ediger-Eller
Tel. 02675/1560
borchert@moselhof.de
www.moselhof.de

Öffnungszeiten: Ostern – Ende Oktober: ab 12 Uhr, Ruhetag Mo + Di, ab August nur Di

Anfahrt:
B 49 vor Hotel Löwen bis zur Kirche St. Martin fahren

Parken:
Hauseigener Parkplatz oder an der Mosel

Reservierungen:
Reservierungen sind möglich

Plätze:
drinnen 30, draußen 30

Besonderheiten:
Pfingsten: Pfingst-Weintage, Straßen-Weinfest 2. Wochenende im September

Mein Tipp: Carpaccio vom Rinderfilet mit einem Riesling trocken Calmont Zero.

Urlaubsglück in historischen Mauern

Das Weingut Borchert in seiner heutigen Form ist noch recht jung: Erst im Jahre 1989 übersiedelten die Borcherts aus der Bankenmetropole Frankfurt am Main ins beschauliche Ediger an der Mosel und auch die Straußwirtschaft besteht erst im elften Jahr. Und das obwohl die Geschichte des Springiersbacher Hofes – wiederum ein Weingut, das im Mittelalter der Abteihof eines bedeutsamem Klosters (hier: das Bengeler Kloster Springiersbach) war – schon über 700 Jahre alt ist. In Ediger weisen zahlreiche Schilder den Weg zum Springiersbacher Hof, der mit Weinen aufwartet, die zum Teil in der Grand Cru Lage des Elzhofbergs wachsen. Insgesamt 2,5 Hektar pflegt Winzer Michael Borchert, der nach den strengen Richtlinien der kontrollierten und integrierten Vinifikation agiert. Insbesondere die Ertragsreduzierung ist ein wichtiger Bestandteil seiner Philosophie, der wir charakteristische Guts- und Premiumweine verdanken. Besonders aufgefallen ist hierunter der trockene Riesling Calmont Goldkapsel, der in einer guten Kollektion hervorsticht (hervorragend sind übrigens auch die hauseigenen Destillate). Gabriele Borchert zeichnet derweil für das Weincafé verantwortlich, welches sich einen sehr guten Ruf erworben hat. Nicht zuletzt dank der beeindruckenden Atmosphäre des grünumrankten, herrschaftlichen Gutshofes vor der nicht minder imposanten Kulisse der St. Martins Kirche. Hier gibt es nachmittags hauseigene Kuchen und Torten zu Kaffee oder Wein. Abends wie auch saisonal wechselt die kreativ gestaltete Karte hin zu kalten Speisen (z.B. Carpaccio vom Rinderfilet) oder Deftigem (z.B. Hirschgulasch). Hingucker: der harmonisch ins Gesamtbild eingebundene Pool für die Urlaubsgäste!

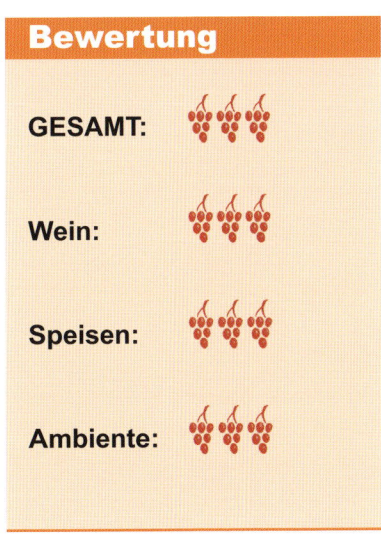

Bewertung

GESAMT:

Wein:

Speisen:

Ambiente:

Gutshof Zenz **Gutsschänke**

Hochstraße 29
56814 Ediger-Eller
Tel. 02675/384
info@gutshof-zenz.de
www.gutshof-zenz.de

Öffnungszeiten: Mitte März – Ende Oktober: täglich ab 17, Sa + So ab 12 Uhr

Anfahrt:
B 49 bis Ediger fahren, an der Mosel das Fahrzeug abstellen und ca. 75 Meter zu Fuß in die Ortsmitte laufen

Parken:
Hinter der Stadtmauer oder an der Mosel

Reservierungen:
Reservierungen sind möglich.

Anzahl der Sitzplätze:
drinnen 60, draußen 50

Besonderheiten:
Destille und große Schatzkammer, Ferienwohnungen

Mein Tipp: Lachsfilet unter der Meerrettichkruste mit einem Riesling Tradition

An alles gedacht

Über 500 Jahre Weinbautradition in der Familie – das klingt erst einmal so dahergesagt, ist bei genauerem Überlegen aber mehr als beeindruckend. Besonders wenn man bedenkt, welche Kapriolen das Wetter Jahr für Jahr bereithält und was es bedeutet, im steilsten Weinberg Europas – dem Bremmer Calmont – herumzuklettern. Jener Wingert macht zwar nun einen Teil der 5,5 Hektar Rebfläche aus – auch im Ediger Elzhofberg, Feuerberg und Osterlämmchen gedeihen die Reben (vor allem Riesling aber auch Rotling, Dornfelder und Spätburgunder) der Familie Zenz – ist aber gewiss ein Aushängeschild. Als solches fungiert auch die Gutsschänke von Monika Zenz im historischen Gewölbekeller (wie auch im Hof): Hier zu speisen, ist nicht nur eine coole Angelegenheit, sondern auch ein Hochgenuss, denn die von Patrick Schulmeyer zubereiteten Speisen (regionale Küche) sind aller Ehren wert. Von Vesperplatten, Süppchen und anderen Kleinigkeiten reicht das Angebot bis hin zu Eifeler Hirtensteak, Lachsfilet unter Meerrettichkruste, Käsespätzle und Apfelstrudel. Beachtlich: auch an die kleinen Gäste ist mit vier verschiedenen Gerichten und Traubensaft gedacht. Einen deutlichen Kontrast zum Traubensaft, was den Alkoholgehalt angeht, bilden indes die vielfältigen Edelbrände und Liköre aus der hauseigenen Brennerei – hier sind nahezu sämtliche Obstsorten zu finden und darüber hinaus noch weitere Spezialitäten (z.B. Trestersahnelikör). Das Hauptaugenmerk liegt aber natürlich auf den Weinen, die harmonisch, fruchtig und elegant daherkommen – ideale Begleiter für einen langen Abend. Und sollte es tatsächlich länger werden, stehen sogleich komfortable 4-Sterne-Ferienwohnungen bereit.

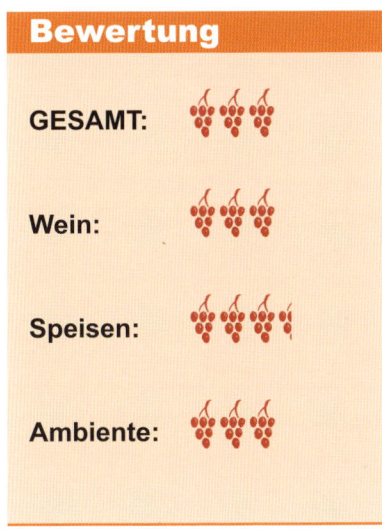

Bewertung

GESAMT: 🍇🍇🍇🍇

Wein: 🍇🍇🍇

Speisen: 🍇🍇🍇🍇🍇

Ambiente: 🍇🍇🍇

Weingut Heinrich Immich-Anker
Straußwirtschaft

Am Steffensberg19
56850 Enkirch
Tel. 06541/6230
info@mosel.net
www.mosel.net

Öffnungszeiten: Osterwochenende, Mai – Juni, August – September:
Do – Sa ab 17 Uhr

Anfahrt:
B 53 bis Enkirch (2. Abfahrt), dann geradeaus auf Am Steffensberg, das Weingut liegt auf der linken Seite.

Parken:
Parkplatz vor der Vinothek

Reservierungen:
Reservierungen sind möglich

Anzahl der Sitzplätze:
drinnen 55, draußen 20

Besonderheiten:
jährliches Dixi-Land-Hoffest, Lesungen, Konzerte u.v.a.m.

Mein Tipp: Flammkuchen mit Speck zu einer 2015er Riesling Spätlese halbtrocken vom Enkircher Herrenberg

Auf dem Sprung nach oben

Das Weingut Immich-Anker spielt offensichtlich in der ersten Liga: das denkmalgeschützte Herrenhaus samt Turm unweit der Mosel, die lange Weinbautradition seit 1425 und drei Hektar beste Schiefersteillagen entlang der Traben-Trarbacher Moselschleife (Steffensberg, Herrenberg, Zeppwingert, Montoneubel, Eisbruch und Eschewingert), auf denen wirklich einzigartige Weine wachsen. Kein Wunder, dass da auch schon der Gault Millau aufmerksam wurde und die Weine von Daniel S. Immich in die (positive) Kritik nahm. Der Musterschüler unter seinesgleichen hat sich – moseltypisch – überwiegend dem Riesling verschrieben, aber auch ein paar Dornfelderreben werden kultiviert. Ein Teil der weißen Trauben wird schon seit 1985 nach klassischer Falschengärung (36 Monate Hefelager!) eindrucksvoll versektet. Der andere Teil wird zu fruchtigen, verspielten Rieslingen von rassiger Säure, die Frische verkörpern und mit Filigranität überzeugen. Zu probieren gibt es die edlen Gewächse in der zeitlos-modernen Vinothek und der Straußwirtschaft im Hof des Gutes. Empfangen von schlichter Eleganz wird hier vor allem Deftiges aus der Hand von Mutter Marika serviert: Kartoffelsuppe mit Lachsstreifen, ungarisches Gulasch sowie Pusztabällchen mit Brot gehören ebenso dazu wie regionaler Ziegenkäse oder der „Scheiterhaufen" (Käsewürfel mit Salzstangen). Von Scheiterhaufen meilenweit entfernt ist übrigens das Nachhaltigkeitsdenken des Hauses: Sämtliche Energie wird über hauseigene Photovoltaikanlagen gewonnen und in den Bau der neuen Vinothek und Straußwirtschaft (2012) wurden ausschließlich lokale sowie regionale Unternehmen und (Bau-) Stoffe einbezogen. Hut ab!

Bewertung

GESAMT: 🍇🍇🍇🍇🍇

Wein: 🍇🍇🍇🍇

Speisen: 🍇🍇🍇

Ambiente: 🍇🍇🍇🍇

Weingut Vinothek VinoForum Gutsschänke

Moseltraße 12-13
56814 Ernst
Tel. 02671/9171777
Rolfgansenwein@t-online.de
www.weingut-gansen.de

Öffnungszeiten: November – Ende März: 13 – 17 Uhr

Anfahrt:
Von Cochem in Richtung Ernst auf
der rechten Seite

Parken:
Vor dem Haus

Reservierungen:
Reservierungen sind möglich

Anzahl der Sitzplätze:
drinnen 40 (bei Veranstaltungen
bis 80), draußen 56

Besonderheiten:
Weinproben, kulturelle Events wie
Jazzkonzerte, Theater-Dinner oder
Saxophon-Abende

Mein Tipp: Hausgemachter Spundekäs mit einem Riesling Hochgewächs
trocken

Eine etwas andere Gutsschänke

Das VinoForum ist vor wenigen Jahren aus der Initiative zweier Visionäre entstanden: Rolf Gansen und Karl Andries. Die beiden sind passionierte Winzer, die sich dachten, dass sie den Neubau eines Kelterhauses gleich so anpacken könnten, dass hieraus etwas Großartiges entsteht. Das ist ihnen zweifellos gelungen: Inspiriert von spanischen Weingütern entstand so ein überdimensionaler Ausschankraum mit mattschwarzen Wänden, von der Decke hängenden Weinfässern und pfiffiger Beleuchtung. Stimmungsvoll, geräumig und edel geht es hier zu, wenngleich der Begriff „Straußwirtschaft" wohl kaum Anwendung findet. Daran erinnert wird man allenfalls beim Blick auf die Speisekarte der etwas anderen Gutsschänke, wo die Klassiker à la Griebenschmalztöpfchen, Spundekäs, Vesperplatte und Flammkuchen auf dem Programm stehen. Ergänzt wird die Karte, da das VinoForum nur nachmittags geöffnet hat, um eine tagesaktuelle Auswahl an hausgemachten Kuchen. Hausgemacht sind natürlich auch die Weine, die aus einer 8,5 Hektar großen Rebfläche in den Weinbergslagen Valwiger Herrenberg, Cochemer Nikolaus, Bruttiger Pfarrgarten, Ernster Kirchlay und Ernster Feuerberg stammen. Alle Aufgaben von der Reberziehung und Pflege bis zum Ausbau obliegen der Erfahrung und dem Wissen der beiden leidenschaftlichen Winzer. Gemeinsam erzeugen sie fruchtig-frische Weine, durchaus mineralisch und von einer trinkfreudigen Leichtigkeit. Das VinoForum allerdings muss man gesehen haben!

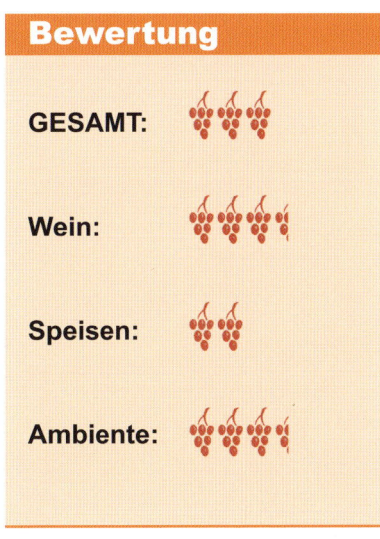

Bewertung

GESAMT:

Wein:

Speisen:

Ambiente:

Weingut Hommes Straußwirtschaft

Moselstraße 14
56814 Ernst
Tel. 02671/7339
www.weingut-hommes.de

Öffnungszeiten: Mitte April – Ende Oktober: 14 – 19 Uhr

Anfahrt:
Von Cochem nach Ernst in
der Ortsmitte

Parken:
Vor dem Haus

Reservierungen:
Reservierungen sind möglich

Anzahl der Sitzplätze:
drinnen 50, draußen 50

Besonderheiten:
Kreuzgewölbekeller mit zwei wöchentlichen Weinproben

Mein Tipp: Riesling-Käsesuppe
zum Riesling Hochgewächs

Angenehme Alternative abseits der Touristenmassen

Gegründet wurde das Weingut Hommes 1883 in Ernst, einer überschaubaren Moselgemeinde vor den Toren Cochems – gerade so weit weg, dass die Touristenmassen ausbleiben, aber so nah dran, dass die Reichsburg noch in Sichtweite ist. Mittlerweile firmiert das Gut unter dem Name Lutz Hommes, Sohn des Hauses und versierter Winzermeister: Seitdem er am Werk ist, darf sich das Familienweingut aufgrund vieler Auszeichnungen in diversen Wettbewerben „Haus der prämierten Weine" nennen. Auf 3,4 Hektar Weinbergsfläche – in Steil- und Hanglage – liegt das Augenmerk von Lutz Hommes auf den Rebsorten Riesling, Dornfelder, Spätburgunder und Elbling, wobei die Rotweine klassisch in Holzfässern ausgebaut werden und gerne auch mal etwas mehr Zeit zum Reifen bekommen. Mehr als ein Drittel der Rebfläche nimmt der Anteil der Rotweintrauben ein, was jedoch zu relativieren ist. Denn mit dem individuellen „weißstattrot"-Wein (ein Wein aus weiß gekelterten Spätburgundertrauben) hat Lutz Hommes ein Unikat im Programm. Eine Besonderheit ist auch die 20 Jahre alte Straußwirtschaft im noch weitaus älteren Kreuzgewölbekeller. Bei Winzerromantik serviert Lutz' Mutter Hiltrud in angenehmer Atmosphäre die üblichen Spezialitäten zum Wein: Wildsalami, Käsewürfel, Spundekäs, Schmalzbrot oder Vesperplatte. Ganz klar: Im Hause Hommes stehen die spannenden Weine im Mittelpunkt, nicht das Essen. Die Weine kommen im Übrigen, weiß wie rot, angenehm fruchtig daher. Insbesondere in Kombination mit dem mediterranen Flair von blühenden Oleander, Lorbeer, Rosen, Kiwi- und Feigenbäumen des traumhaften Innenhofes, ist dies für die Sommermonate ein Geheimtipp.

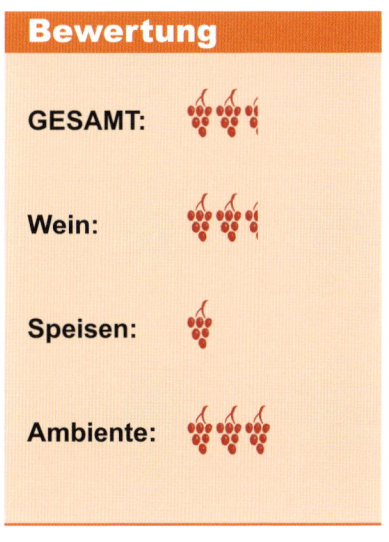

Bewertung

GESAMT:

Wein:

Speisen:

Ambiente:

Weingut Josef Bernard-Kieren Straußwirtschaft

Ringstraße 5
54470 Graach
Tel. 06531/2183
info@bernard-kieren.de
www.bernard-kieren.de

Öffnungszeiten: Mai – Ende Oktober: täglich ab 14.30 Uhr, Mo Ruhetag

Anfahrt:
B 53 Ausfahrt Graach von Bernkastel kommend, stößt man direkt auf die Straußwirtschaft

Parken:
Vor dem Haus und links auf einem Parkplatz

Reservierungen:
Reservierungen sind möglich

Anzahl der Sitzplätze:
drinnen 45, draußen 40

Besonderheiten:
Weinproben mit Kellerbesichtigung, Betriebsfeste am Pfingstwochenende und von Fronleichnam bis zum Sonntag danach

Mein Tipp: Flammkuchen und eine Riesling Spätlese ** aus dem Domprobst

Ausgezeichnete Riesling Spätlesen – aber nicht nur

Während dort oben im Himmelreich und Domprobst von Mai bis Ende Oktober auf 4,3 Hektar ihre Trauben reifen, öffnet die Familie Bernard-Kieren unten am Graacher Moselufer die Pforten der neu geschaffenen Vinothek und Straußwirtschaft. Schön ist sie geworden: mit Elementen aus Stein und Holz, großzügiger Raumaufteilung und einem gemütlichen, lockeren Ambiente. Und immer im Blick: die vielen Auszeichnungen, die sich das Familienweingut in fünf Generationen mit ihren ansprechenden Tropfen redlich verdient hat. Ob es sich nun um Bundesehrenpreise, Staatsehrenpreise, Auszeichnungen für einzelne Siegerweine oder die Prämierung des gesamten Betriebes handelt. Basis des Erfolges ist das konsequente Qualitätsstreben der Winzer in puncto naturnahem Anbau, selektiver Lese, schonender Kelterung und langsamer Gärung. Einfache Basics, die sich besonders im Zusammenspiel mit den von Jutta Bernard frisch zubereiteten Spezialitäten der Winzerküche auszahlen. Gerade weil die Weine (Riesling, Kerner, Müller-Thurgau, Rivaner und Spätburgunder Rosé) mit feiner Frucht, wunderbarem Süße-Säure-Verhältnis, Filigranität und geringem Alkoholgehalt daherkommen. Bei dem vielfältigen Wein- und Speisenangebot vom üblichen Flammkuchen über diverse kalte Platten (Wild, Wurst und Käse) bis hin zum Griebenschmalztöpfchen mit Brot und der hauseigenen Pizza ist die ganze Saison über für jeden etwas dabei. Und wenn Ende Oktober die Straußwirtschaft dann doch ihre Pforte schließt, können wir gewiss sein, dass Vater Josef und Sohn Martin Bernard im Keller alles daran setzen, auch diesen Jahrgang wieder zu Ehrenpreisreife zu bringen.

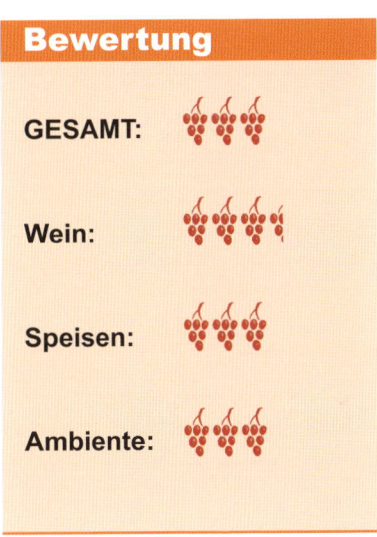

Bewertung

GESAMT:

Wein:

Speisen:

Ambiente:

Wein- und Gästehaus Philipps-Eckstein
Straußwirtschaft

Panoramastraße 11
54470 Graach-Schäferei
Tel 06531/6542
info@weingut-philipps-eckstein.de
www.weingut-philipps-eckstein.de

Öffnungszeiten: Ostern – Ende Oktober: Fr ab 17, Sa + So ab 13 Uhr

Anfahrt:
B 53 bis Graach, am Ortseingang bis zur Kirche, von da an hoch in die Schäferei ist es gut ausgeschildert

Parken:
Vor dem Haus

Reservierungen:
Reservierungen sind möglich

Anzahl der Sitzplätze:
drinnen 25, draußen 40

Besonderheiten:
Jahrgangspräsentation Ende April/Anfang Mai

Mein Tipp: Wildschweinsülze mit Brot und einem Grauburgunder Jahrgang 2015 trocken

Autodidakt auf der Überholspur

1968 gegründet, zählt das Weingut Philipps-Eckstein zu den jüngeren Winzerbetrieben an der Mosel und das, obgleich die Familie bereits seit dem 17. Jahrhundert mit dem Weinbau verbunden ist. Auch der heutige Inhaber, Patrick Philipps, ging nicht den klassischen Weg über Winzerlehre und Erbrangfolge, sondern eignete sich das nötige Handwerkszeug, Theorie und Praxis, seit der Übernahme (1998) selber an. Mit beeindruckendem Erfolg: dank mehrerer Bundesehrenpreise in Folge und permanenter Sieganwartschaft bei Best of Riesling verfestigte sich schon früh das Bild vom autodidaktischen Überflieger. Dafür ist indes nicht nur das feine Gespür (insbesondere jenes, welches den optimalen Lesezeitpunkt angeht) des überaus sympathischen Weinmachers verantwortlich, sondern auch das Vermögen von sechs Hektar bester Rebflächen in Steil- und Steilstlage (Graacher Himmelreich und Domprobst). Patricks Fokus liegt ganz klar auf dem – feinfruchtig-mineralischen – Riesling, wobei seine Spät- und Auslesen phänomenal sind. Heißbegehrte Tropfen, die auch in der eigenen, beschaulichen Straußwirtschaft schnell ausgetrunken sind. Ein Glück, dass den Weg nach Graach-Schäferei, welcher Wandern zum Bergsteigen und Radeln zum Strampeln werden lässt, nur selten die große Masse an Touristen findet. So bietet sich die Gelegenheit auf ein Du und Du in ruhiger, familiärer Atmosphäre bei einer zünftigen Vesper. 15 überwiegend kalte Gerichte – frisch angerichtet von Mutter Gisela – werden angeboten, wobei die Wildschweinsülze mit Brot besonders beliebt ist. Noch beliebter ist jedoch das alle Mühen des Aufstiegs entschädigende Panorama, wenn die Sonne über dem Moseltal untergeht ...

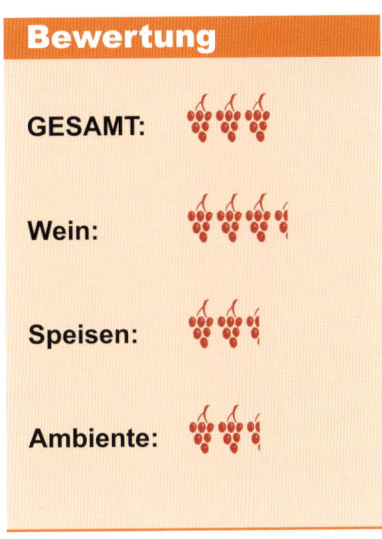

Bewertung

GESAMT:

Wein:

Speisen:

Ambiente:

Winzerhof Gietzen Gutsschänke

• •

Moselstraße 70
56332 Hatzenport
Tel.02605/952371
service@winzerhof-gietzen.de
www.winzerhof-gietzen.de

Öffnungszeiten: März – Mitte November: Fr ab 18 Uhr, Sa + So ab 14 Uhr

Anfahrt:
B 49 bis Hatzenport auf der Moselstraße

Parken:
Eigener Parkplatz

Reservierungen:
Reservierungen sind möglich

Anzahl der Sitzplätze:
drinnen 60, draußen 60

Besonderheiten:
Hoffest, geführte Weinbergswanderungen und Weinproben

Mein Tipp: Wildschweinschinken-
Carpaccio mit einem Weißburgunder
trocken

Im Auftrag der Wein- und Esskultur

Wein, Genuss und Lebensfreude – das haben sich Maria und Albrecht Gietzen auf die Fahne geschrieben. Beide sind in Hatzenport geboren und haben die Weinkultur praktisch mit der Muttermilch aufgesogen. Winzer Albrecht Gietzen hat es sich deshalb zur Aufgabe gemacht, durch späte Lese, sorgsames Keltern und behutsamen Ausbau einerseits terroirgeprägte Weine zu erzeugen und andererseits so seinen Teil zum Erhalt der Kulturlandschaft „Terrassenmosel" beizutragen. Immerhin bewirtschaftet er drei Hektar Rebfläche in Steillage, welche zu 85% mit Riesling sowie zu 15% mit Spät- und Weißburgunder bewachsen und gen Süden gerichtet ist (Burg Bischofstein nach Südosten geneigt, Kirchberg mit Südhanglage und Stolzenberg mit Süd-West-Exposition). Geradezu dankbar präsentieren sich die Weine: fruchtig, intensiv, feinblumig und elegant. Nur allzu verständlich, dass Albrecht Gietzen sich aktiv in Heimatverein und Gemeinde für die Terrassenmosel einsetzt. Ehefrau Maria Gietzen ist nicht minder engagiert, widmet sich neben dem Kochen ebenfalls mit Herzblut der Winzerei. Ob Riesling-Kräutersuppe, Mosel-Tapas, heißer Ziegenkäse im Schinkenspeckmantel oder Schinken-Carpaccio an Rucola-Salat: die Gerichte aus der Küche von Maria Gietzen sind durchdacht, handwerklich hervorragend und mit Liebe arrangiert. Und sie folgen der Slow-Food-Maxime vom bewussten Genießen und dem verantwortungsvollen Umgang mit den Lebensmitteln und der Natur. Im malerischen Winzerhof unweit der Mosel, bestanden mit Lorbeerbäumen und Oleandern, bei Schwalbengezwitscher und der herzlich-fröhlichen Art des Gastgeberpaares den Wein und das Essen zu genießen, kann nur wärmstens empfohlen werden.

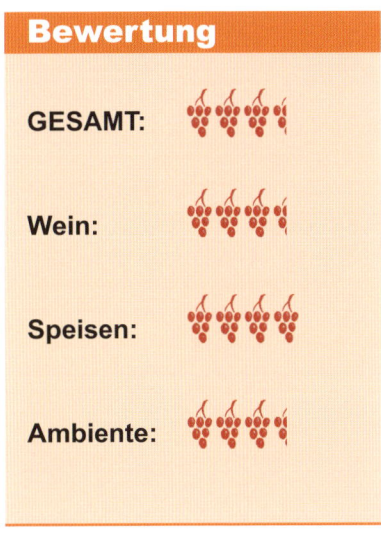

Bewertung

GESAMT:

Wein:

Speisen:

Ambiente:

Weingut Himmeroder Hof **Straußwirtschaft**

Am Herrenberg 1
54518 Kesten
Tel. 06535/7143
rainer_licht@web.de
www.weinlicht.com

Öffnungszeiten: Anfang Mai – Ende Juni, Ende Juli – Ende Oktober:
täglich ab 13 Uhr

Anfahrt:
B 49 bis Kesten, rechts auf den Herrenberg

Parken:
Vor dem Haus

Reservierungen:
Reservierungen sind möglich

Anzahl der Sitzplätze:
drinnen 35, draußen 40

Mein Tipp: Rieslingsuppe mit Käse und einem hausgemachten Spundekäs, dazu ein Pinot blanc halbtrocken

Weingut mit klerikaler Vergangenheit

Der Himmeroder Hof war einst die Außenstelle des klerikalen Weinbaus des Eifeler Zisterzienserklosters Himmerod. Mit der Säkularisierung ging der Himmeroder Hof alsdann jedoch in private Hände und befindet sich nunmehr seit über 185 Jahren im Besitz der Familie Licht. Heute sind es Rainer und Rosi Licht, die dem Gutshaus aus der Renaissance vorstehen: Rainer kümmert sich um den Wein – mit Bravour. Insgesamt sechs Hektar Rebfläche gewinnt er ausdrucksstarke Riesling-, Rivaner-, Chardonnay-, Dornfelder- und Spätburgunderweine ab. Rainer Licht bewirtschaftet hauptsächlich Steillagen, die zwar schwierig zu bearbeiten sind, aber die besten Weine liefern. So sind es nicht nur gute Moselschoppen, die der Winzer da erzeugt, nein, der ein oder andere Tropfen – wie etwa die Riesling Spätlesen aus dem Brauneberger Juffer und dem Kestener Paulinsberg oder der trockene Spätburgunder – ist gar zu Höherem berufen. Trotz einiger Auszeichnungen scheint der Himmeroder Hof hier (noch) unterbewertet zu sein. Abseits des Stammsortiments lässt sich Rainer Licht unter der Kategorie „Extravagant" mit Spontanität und Kreativität voll und ganz auf die Weine, ihre Eigenheiten und Unterschiede in den Jahrgängen ein. Heraus kommen ganz individuelle Weißherbste, Beerenauslesen und Winzersekte. Ehefrau Rosi widmet sich dagegen den Gästen der hauseigenen Straußwirtschaft und serviert kalte (Salate sowie Variationen von Wurst und Käse) wie warme Speisen (Suppen, Flammkuchen, Käsespätzle und Schweinesteak), an denen es nichts auszusetzen gibt – einfach, aber lecker! Bei schlechtem Wetter sitzt man in der rustikalen Stube, bei schönem Wetter im Hof, in dem schon die Mönche ihren Wein kelterten …

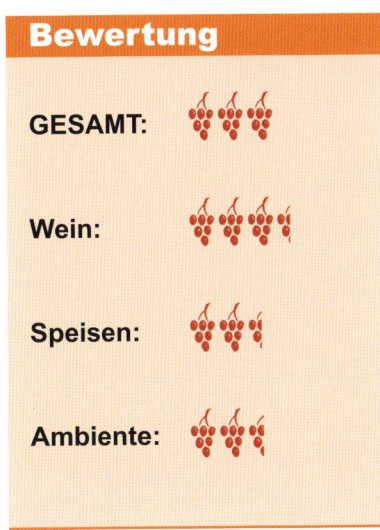

Bewertung

GESAMT:

Wein:

Speisen:

Ambiente:

Weingut Klären-Maringer Straußwirtschaft

Beethovenstraße 40
54340 Köwerich
Tel. 06507/3787
www.urlaub-in-rheinland-pfalz.de

Öffnungszeiten:
Mitte März – Ende Oktober: tägl. ab 12 Uhr

Anfahrt:
L 48 von Leiwen nach Köwerich, links abbiegen, bzw. von Thörnich nach Köwerich, rechts abbiegen

Parken:
Vor dem Haus

Reservierungen:
Reservierungen sind möglich

Anzahl der Sitzplätze:
drinnen 20, draußen 20

Besonderheiten:
Freitag vor Pfingsten Jungweinprobe mit Spargelgerichten, Grillabende, Gästezimmer/Ferienwohnungen, Wohnmobilstellplätze

Mein Tipp: Winzersteak mit Bratkartoffeln und Salat, dazu einen Riesling Kabinett halbtrocken

Einfache Straußwirtschaft mit Besonderheit

„Off'm Herach" lautet der Name einer Köwericher Straußwirtschaft, die man guten Gewissens als liebenswertes Original beschreiben kann. Die Straußwirtschaft ist einfach und echt, unverstellt wie ihre Besitzer und sie lebt vor allem von deren herzlicher Art (aber auch von der verkehrstechnisch günstigen Lage). Winzer Hans und seine Frau Annemie sind ein eingespieltes Gespann, welches mit Fleiß und Bedacht an den seit Generationen gewachsenen Traditionen festhält. Dazu gehört ein überschaubares Angebot an typischen Winzerspezialitäten (z.B. Gulaschsuppe, Sülze mit Bratkartoffeln, Winzersteak, Vesperplatte oder Lachs mit Bandnudeln und Rieslingsoße) zu erschwinglichen Preisen, dazu gehört aber auch ein vernünftiger Wein. Der stammt von fünf Hektar Rebflächen in den Köwericher Lagen Laurentiuslay und Held, Klüsserather Bruderschaft, Piesporter Treppchen sowie Dhroner Hofberg und teilt sich in die Rebsorten Riesling, Spätburgunder, Rivaner, Müller-Thurgau und Kerner auf. Hans Klären setzt auf Natürlichkeit bei seinen Weinen, die schonend und mit moderner Kellertechnik ausgebaut werden. Sie sind leicht und fruchtig, gehen weniger in die Tiefe als manch gereifter Tropfen. Besonders leicht lässt es sich „Off'm Herach" mit dem Winzer selbst ins Gespräch kommen, der sich mit großer Freude seinen Gästen zuwendet, während Annemie für das leibliche Wohl sorgt. Übrigens: Neben den fast schon obligatorischen Gästezimmern bieten Klären-Maringer auch Wohnmobilstellplätze und einen Brötchenservice für ihre Gäste – beides eine Seltenheit.

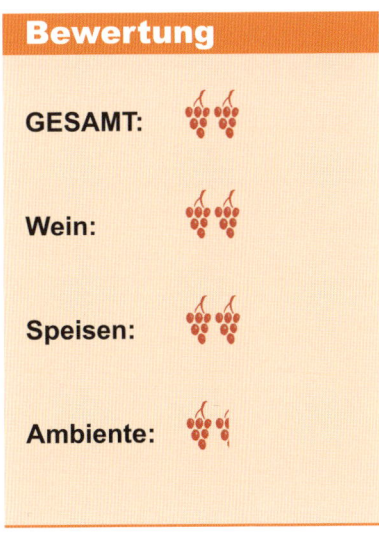

Bewertung

GESAMT:

Wein:

Speisen:

Ambiente:

Weingut Jörg Beth Straußwirtschaft

Robert-Schumann-Straße 47
54536 Kröv
Tel. 06541/3783
info@joerg-beth.de
www.joerg-beth.de

Öffnungszeiten: Juli – Oktober: Mo, Do, Fr + Sa 18 – 23 Uhr

Anfahrt:
B 49 bis Kröv rechts in die Robert-Schumann-Straße

Parken:
Auf der Straße

Reservierungen:
Reservierungen sind möglich

Anzahl der Sitzplätze:
drinnen 25, draußen 10

Besonderheiten:
Straßenfest Anfang August

Mein Tipp: Schinkenbrot vom rohen Schinken mit einem Dornfelder

Internationales Kunden-Flair

Das Weingut entstand erst in den 1960er Jahren, obgleich in der Familie des heutigen Eigentümers, Jörg Beth, schon seit über 400 Jahren Wein an- und ausgebaut wird. Jörg hat den kleinen Betrieb seiner Eltern mit seiner Frau Shannon im Jahre 1989 übernommen und auf 2,5 Hektar Rebflächen in den Schiefer-Steillagen der Weinorte Kröv und Traben-Trarbach erweitert. Dazu gehören Teile des Kröver Nacktarsch, der Letterlay, der Kirchlay und des Kröver Paradieses. Sie alle bewirtschaftet der gelernte Winzermeister in Eigenregie, sporadisch unterstützt von seinen Söhnen, die derweil in fremden Betrieben Erfahrungen sammeln. Die Familie konzentriert sich auf wenige traditionelle Sorten: Riesling, Kerner und Rivaner bei den Weißen sowie Dornfelder und Spätburgunder im roten Bereich. Hieraus entstehen nicht nur fruchtige Weine mit moderatem Alkoholgehalt, sondern auch eigene Sekte – im händischen Rüttelverfahren produziert –, Edelbrände und Traubensäfte. Überhaupt sind die Weine von Jörg Beth durchgängig von einer so besonderen Klarheit und geradlinigen Harmonie, dass sich die Kollektion im Glas ansprechend homogen verhält. Aus einem Guss ist auch die kleine aber feine Straußwirtschaft des Familienbetriebes. Sie wirkt wie ein heimeliges Kaminzimmer, das im Sommer zur Straße hin offen ist, voller schöner Details und mit hochwertigem Mobiliar – unverkennbar die Handschrift von Beths Ehefrau Shannon. Einziges Manko: die Anzahl der angebotenen – leider nur kalten –Speisen ist mit Schinkenbroten, Käsevariation, Käsewürfeln und Schmalztöpfchen limitiert. Aber die angenehme Atmosphäre und der gefällige Wein machen das wieder wett!

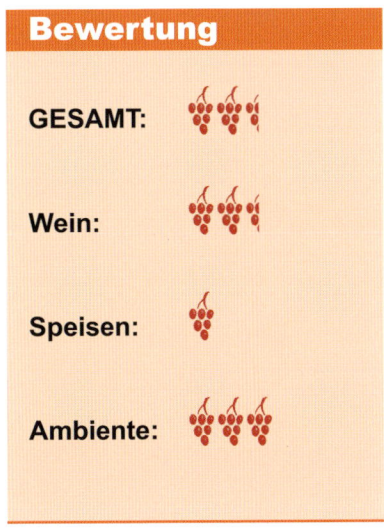

Bewertung

GESAMT:

Wein:

Speisen:

Ambiente:

Weingut Manfred Christoffel Straußwirtschaft

Robert-Schumann-Straße 58
54536 Kröv
Tel. 06541/6990
service@weingut-christoffel.de
www.weingut-christoffel.de

Öffnungszeiten: Anfang Juli – Ende Oktober, zusätzlich Ostern, Himmelfahrt und Pfingsten, täglich ab 18 Uhr

Anfahrt:
B 53 bis Kröv, rechts in die Robert-Schumann-Straße

Parken:
Vor dem Haus

Reservierungen:
Reservierungen sind möglich

Anzahl der Sitzplätze:
drinnen 30

Mein Tipp: Halb-und-Halb (Käse und Schinken gemischt) mit einem Rivaner trocken

Wein und Geselligkeit

Das Gutshaus der Winzerfamilie Christoffel ist eines dieser moseltypischen Anwesen: im Ortskern gelegen, versteckt in einem Geflecht aus engen Gassen. An der Front befindet sich ein Abstieg in einen großen Keller sowie ein Treppenaufstieg zu einer nicht minder großen Terrasse. Es ist der Abstieg in den Kellerteil des Hauses, der in die Straußwirtschaft führt und sogleich zum Synonym dafür geworden ist: der „Duck-Dich-Keller" – ein paar abschüssige Stufen durch einen „gefährlich" niedrigen Türrahmen. Der Duck-Dich-Keller ist tendenziell rustikal gehalten – mal abgesehen von der Wanddekoration – und stellt zwei Dinge in den Vordergrund: Wein und Geselligkeit. Bei heiterer Stimmung und in ungezwungener Atmosphäre kommen hier die Weine des Winzers Manfred Christoffel auf den Tisch. Die Familie Christoffel betreibt das Weingut im Herzen von Kröv schon seit vielen Generationen, Manfred und Ehefrau Marlies sind seit 1989 in der Verantwortung. Dazu gehören ca. 3 Hektar Rebflächen in den Kröver Weinbergslagen Nacktarsch, Steffensberg, Kirchlay, Letterlay und Paradies. Neben Riesling wachsen hier auch Kerner, Müller-Thurgau, Rivaner, Weißburgunder, Spätburgunder und Dornfelder, welche trocken, halbtrocken oder lieblich auf den Tisch kommen. Selbst ein Winzersekt vom Riesling, in traditioneller Flaschengärung (handgerüttelt!) produziert, steht im Angebot. Besonders gut gelungen ist die Spätlese aus dem Kröver Steffensberg von alten Reben: Sie wirkt stimmig und dicht, bringt das Terroir gut ins Glas und ist außerdem lebhaft am Gaumen. Mit Vesperplatten und Spundekäs bietet der Duck-Dich-Keller typische Straußwirtschaftsspeisen.

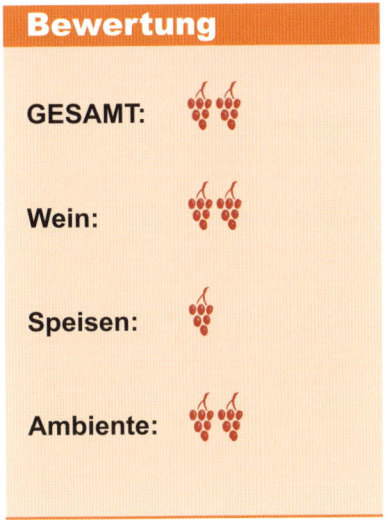

Bewertung

GESAMT:

Wein:

Speisen:

Ambiente:

Weingut Dreigiebelhaus **Straußwirtschaft**

Karolingerstraße 1
54536 Kröv
Tel. 06541/9378
info@weingut-dreigiebelhaus.de
www.weingut-dreigiebelhaus.de

Öffnungszeiten: Ostern – Ende Oktober: täglich ab 11 Uhr, Di Ruhetag

Anfahrt:
B 53 bis Kröv Ortsmitte, links in die Karolingerstraße

Parken:
30 m von der Mosel

Reservierungen:
Reservierungen sind möglich

Anzahl der Sitzplätze:
drinnen 50, draußen 50

Besonderheiten:
Feiern in geschlossener Gesellschaft drinnen und draußen

Mein Tipp: Ein Stück Rebfeuerbrot und ein Glas vom feinherben Riesling Kabinett aus dem Kröver Paradies

„Unverschönerte" Moselromantik

Geradezu herrschaftlich mutet das im Fachwerkstil erbaute Dreigiebelhaus zu Kröv an, wenn man es in seiner ganzen Pracht vom Garten aus auf sich wirken lässt, beinahe schon mondän. Wer sich nach Moselromantik sehnt und das Dreigiebelhaus für sich entdeckt, wird nicht enttäuscht werden. Die Straußwirtschaft selbst befindet sich im Keller des ehemaligen Rathauses: Einfache Holztische und -stühle inmitten von bedächtig daliegenden Holzfässern und den Wänden aus Jahrhunderte altem Gestein, welches die über 350-jährige Weinbautradition aufgesogen hat und von deren Geschichte zu erzählen versucht. Die Dekoration beschränkt sich auf das Nötigste: Ein Gemälde hier, ein getrockneter Strauß Kräuter da – nichts scheint die stille Andacht zu stören. Einzig das Rüttelpult vermittelt einen leichten Eindruck von Lärm und Handwerkskunst. Diese findet sich auch im durchaus ansprechenden Angebot von Winzermeister Kilian Klein wieder, das mit Riesling, Müller-Thurgau, Dornfelder und Spätburgunder gut bestückt (30 Positionen umfasst die Weinkarte) ist. Die Weine sind von eleganter Frucht und ausgewogener Mineralität – geradezu „unverschönert" (so nennt es Kilian Klein) – bis weit in den Abgang hinein. Nicht zufällig, denn der Winzer legt Wert auf einen schonenden und naturnahen Ausbau seiner Trauben. Zu den Weinen gibt es wenige, ausgewählte Kleinigkeiten: Kalte Platten mit Wurst und Käse (warme Speisen nur nach Voranmeldung). Besonders empfehlenswert: Das nach Winzerart gebackene Rebfeuerbrot frisch aus dem Ofen. Wein, Brot, Weinkelleratmosphäre und Fachwerkambiente – mehr Moselromantik geht wohl kaum.

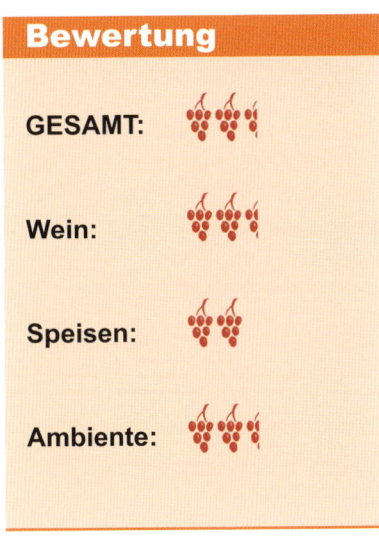

Bewertung

GESAMT:

Wein:

Speisen:

Ambiente:

„Spundloch", Weingut Steinfelderhof
Straußwirtschaft

Robert-Schumann-Straße 54
54536 Kröv
Tel. 06541/1223
info@steinfelderhof.de
www.steinfelderhof.de

Öffnungszeiten: Ostern – Ende Oktober: ab 17 Uhr

Anfahrt:
B 53 bis Kröv, dann links auf die Robert-Schumann-Straße ca. 300 Meter

Parken:
Auf der Straße und hinter dem Haus

Reservierungen:
Reservierungen sind möglich

Anzahl der Sitzplätze:
70 drinnen, 80 draußen

Mein Tipp: Wildburger mit Grauburgunder trocken

Coole Weine

Melanie Römer ist seit 1998 die Leiterin eines außergewöhnlichen Familienbetriebes an der Mosel – des Steinfelderhofes. Der Steinfelderhof ist
nämlich, als einstiger Lehnhof des Eifeler Klosters Steinfeld, uralt: Seit
fast 950 Jahren wird hier Weinbau betrieben. Mit viel Enthusiasmus und
Elan ist auch Melanie dabei: 6 Hektar sind ihr seit der Säkularisation durch
Napoleon (1802) geblieben, auf denen Riesling, Grauburgunder, Auxerrois, Müller-Thurgau, Spätburgunder und Dornfelder bestens gedeihen.
Die gelernte Winzerin erschafft hieraus bodenständige Weine, Tropfen von
erfrischender Säure und wohltuender Frucht. Nicht zuletzt dank des qua-
litätsorientierten Anbaus mit streng reduzierter Lese und moderner Kellertechnik. Im Keller liegt im Übrigen nicht nur der Wein, sondern auch die
gemütliche Kellerklause und Straußwirtschaft „Spundloch". Das Spundloch
ist ein ehemaliges Weinfass mit einem schier riesigen Fassungsvermö-
gen von 5000 Litern, welches im Jahre 1827 in einen Anbau des Guts-
gebäudes eingemauert wurde. Einmal durchschritten, erwarten den Gast
im Spundloch Vesperplatten, Fingerfood, Wurstspezialitäten, Winzersteak
und Flammkuchen. Die Karte ist übersichtlich und ausgewogen, die Preise
sind attraktiv. Wie auch die Speisen selbst: Der von uns verkostete Burger
vom Wild mit Brötchen, Salat, Tomaten, Zwiebeln und Gurke war nicht nur
wunderbar herzhaft und gut gebraten, sondern auch – selbst an einem
heißen Sommertag – überaus erfrischend. Dazu ein Glas der sortenreinen
Weine von Melanie Römer – mehr braucht es nicht, um zufrieden zu sein.
Und wenn doch, so bietet Kröv die ganze Saison über eine Vielzahl an
Veranstaltungen, die von hier aus fußläufig zu erreichen sind.

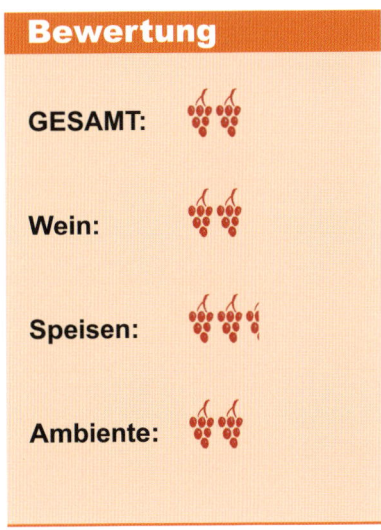

Bewertung

GESAMT:

Wein:

Speisen:

Ambiente:

![Restaurant interior with wooden tables and chairs]

Weingut Klaus Berweiler-Merges
Straußwirtschaft

Euchariusstraße 35
Tel. 06507/3285
54340 Leiwen
weingutberweiler@t-online.de
www.weingutberweiler.de

Öffnungszeiten: Anfang Juli – Ende Oktober: Do – So ab 17 Uhr

Anfahrt:
B 53 nach Leiwen, 1 Abfahrt rechts, dann geradeaus

Parken:
Vor dem Haus

Reservierungen:
Reservierungen sind möglich

Anzahl der Sitzplätze:
drinnen 50, draußen 28

Besonderheiten:
Hoffest am 1. Oktoberwochenende, Innenhof: mediterraner Garten

Mein Tipp: Selbst gemachter Flammkuchen mit frischen Pfifferlingen zu einem Riesling Pölicher Held alte Reben Spätlese trocken

Zwischen Traditionen und moderner Kellertechnik

Mit seinem Alter von drei Generationen ist das Weingut Berweiler zu Leiwen zwar vergleichsweise jung, aber dennoch fest etabliert in der Winzerlandschaft an der Mosel wie auch bei den Kritikern. Und zwar dank der aufopferungsvollen Arbeit der zweiten Generation um Winzer Klaus und Ehefrau Edith, die vom Gedanken des Erhalts alter Reben und der Pflege schwer zugänglicher Parzellen geprägt war und ist. Die dritte Generation – in Person von Tochter Sandra – setzt diese Arbeit nunmehr mit dem Ziel der stetigen Verbesserung durch steigende Ansprüche an das eigene Werk im Einklang mit der Natur fort. Vier Hektar, die zu 80% mit Rieslingreben in den (Steil-)Lagen des Schweicher Annabergs, der Pölicher Held, des Leiwener Klostergartens und des Neumagener Rosengärtchens bestockt sind, sind die Arbeitsgrundlage der Leiwener Jungwinzerin. Hieraus erwachsen geradlinige Weine von hohem Niveau und einem sehr gefälligen Süße-Säure-Spiel. Die Straußwirtschaft passt perfekt zu Sandras Bestreben der stetigen Verbesserung: Das Ambiente ist toll, das Essen schmeckt sehr gut und der Service ist ausgezeichnet – mit dem Service-Qualität-Deutschland Siegel. Auf der Speisekarte stehen warme wie kalte Spezialitäten der Winzerküche (Schmalzbrot, Käse-Schinken-Variationen und Sülze), aber auch anspruchsvollere Gerichte wie der bunte Sommersalat mit gratiniertem Ziegenkäse oder das Winzersteak vom Rebholzgrill. Gespeist wird wahlweise in der geräumigen, vornehmen Stube mit Eichenholzmöbeln und Schiefertheke oder auf der mediterranen Terrasse mit Palmen und Zitronenbaum. Wo man auch sitzt: Ein Besuch bei der Familie Berweiler in Leiwen ist immer empfehlenswert.

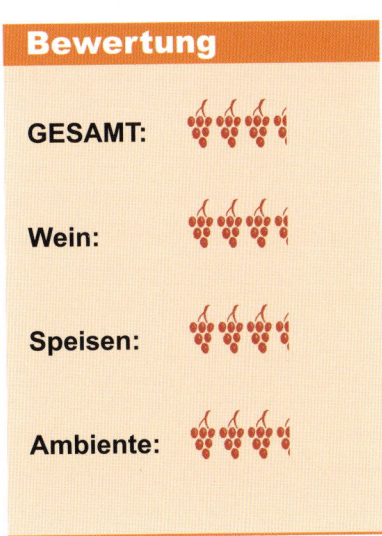

Bewertung

GESAMT:

Wein:

Speisen:

Ambiente:

Weinhaus Kurtrierer Hof Straußwirtschaft

Tränkgasse 4
54340 Leiwen
Tel. 06507/3025
info@kurtrierer-hof.de
www.kurtrierer-hof.de

Öffnungszeiten: Ostern – Ende Oktober: Mo Ruhetag, Di – Fr ab 15.15, Sa + So ab 14 Uhr

Anfahrt:
B 53 Abfahrt Leiwen rechte Seite

Parken:
Am Haus

Reservierungen:
Reservierungen sind möglich

Anzahl der Sitzplätze:
drinnen 32, draußen 36

Mein Tipp: Schinkenteller mit Steinofenbrot zu einer Riesling Spätlese feinherb aus der Trittenheimer Apotheke

Gewachsene Tradition trifft Innovation

Vergleichsweise abgeschieden liegt das Gut, welches nach dem Kurfürstentum Trier benannt ist, in Ortsrandlage unweit des Moselufers. Kopfsteinpflaster und imposantes Gemäuer verleihen dem Kurtrierer Hof schon von Weitem ein besonderes Flair, das sich mit Durchschreiten des Torbogens bestätigt: Das denkmalgeschützte Zehnthaus von 1610 ist ein wahres Kleinod. Bereits in der fünften Generation bewirtschaftet die Familie May das Anwesen, zu dem auch 5,5 Hektar Weinbergslagen gehören – im Mehringer Blattenberg, in der Köwericher Laurentiuslay und der Trittenheimer Apotheke. Spätestens mit der Übernahme durch Jungwinzer Thomas May und seine Ehefrau Marta im Jahr 2008 ist klar: Hier treffen gewachsene Traditionen auf innovative Ansätze und Ideen. So sind die gut gelungenen Weine sortentypisch und erfrischend, insbesondere die saftige Riesling Spätlese aus der Trittenheimer Apotheke überzeugt. 1996 wurde die ehemalige Zehntscheune zum Gästehaus umfunktioniert: oben Gästezimmer, unten – im Parterre – die Straußwirtschaft. Hier werden die hauseigenen Weine (Rot, Weiß, Sekt und Rosé) aus den Trauben von Riesling, Weißburgunder, Spätburgunder und St. Laurent ausgeschenkt. Dazu werden schmackhafte Kleinigkeiten aus der überwiegend kalten Küche von Mutter Karin May gereicht: Käse- oder Schinkenteller, Hausmacher- oder Spezialitätenplatte und hausgemachte Bratkartoffeln mit Sülze oder Spiegelei. Empfehlenswert bei jeder Weinprobe: das frische Steinofenbrot – sehr lecker. Noch empfehlenswerter ist nur ein Platz im Innenhof unter den alten Bäumen, wo es sich gerade im Sommer herrlich aushalten lässt.

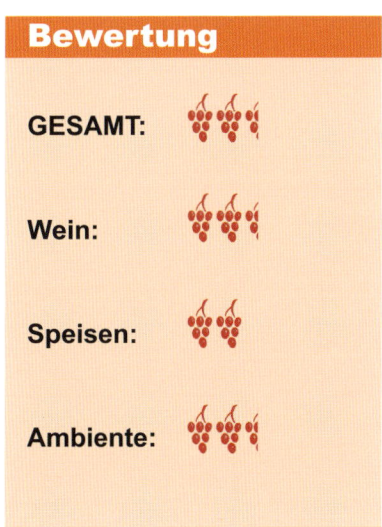

Bewertung

GESAMT:

Wein:

Speisen:

Ambiente:

Winzerhof Künster Straußwirtschaft

Moselstraße 19
56332 Niederfell
Tel. 02607/6524
info@winzerhof-kuenster.de
www.winzerhof-kuenster.de

Öffnungszeiten: Anfang Mai – Mitte Juni, Mitte Juli – Ende September:
Do – So ab 17 Uhr

Anfahrt:
Gegenüber von Kobern Gondorf in Niederfell auf der Moselstaße

Parken:
Gegenüber dem Haus

Reservierungen:
Reservierungen sind möglich

Anzahl der Sitzplätze:
drinnen 40, draußen 60

Besonderheiten:
Hoffest am 3. Wochenende im Juli,
Weinbergswanderung und Weinbergs-
führung

Mein Tipp: Camembert überbacken
mit einem Weißburgunder trocken

Reife und Erfahrung

Das Winzerehepaar Lothar und Sabine Künster hat den elterlichen Betrieb vor nunmehr 27 Jahren übernommen und weiterentwickelt. Die Rebfläche ist in dieser Zeit von 0,75 auf etwa vier Hektar angewachsen und auch der Rebsortenspiegel, welcher zur Zeit aus 75% Riesling, 10% (Blauer) Spätburgunder, 10% Weißburgunder und 5% Regent besteht, hat sich mächtig verändert. Geblieben ist die Leidenschaft, mit der schon die vier vorangegangenen Generationen Jahr für Jahr die Steillagen wie im Niederfeller Fächern, Kahllay, Goldlay und dem Katteneser Steinchen mit mehr als 30% Steigung bestellt haben. Und auch im Keller geht es traditionell zu, denn die Weine, die in Holz- und Edelstahlfässern lagern, bekommen bei Lothar Künster ausreichend viel Zeit zum Reifen. Aus Überzeugung und Erfahrung, weil der Winzer, seines Zeichens Weinprüfer bei der Landwirtschaftskammer Koblenz, weiß, worauf es ankommt: Qualität und Natürlichkeit. So überzeugen neben einem Edelsecco mit Spätlese-Charakter sowohl der feinherbe Weißburgunder mit klaren, fruchtigen Komponenten als auch die blumige Riesling Spätlese mit dem intensiven Süße-Säure-Spiel. Mit Blick auf die Mosel (sowie auf vier Burgen!) sitzt man in der Straußwirtschaft mit mediterranem Flair wunderbar, unter freiem Himmel im nach hinten raus liegenden Hof noch etwas ruhiger. Hier wie dort steht eine abwechslungsreiche Speisekarte von etwa 20 Positionen (durchaus beachtlich) bereit. Darunter: Klassiker wie Schmalztopf, Käsewürfel und Gulaschsuppe, aber auch Salat-Baguette und Würstchen mit Kartoffelsalat. Für die lieben Kleinen gibt es Hasenbrote und Käsespiel!

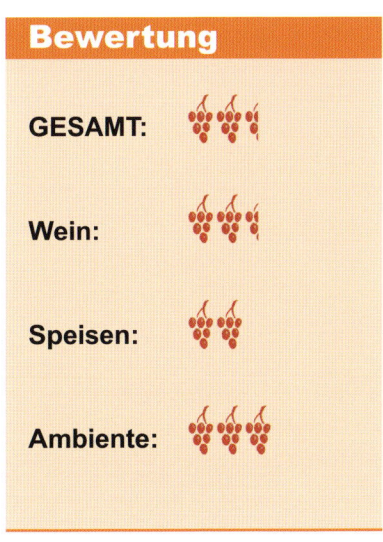

Bewertung

GESAMT:

Wein:

Speisen:

Ambiente:

Weingut Destillerie Hutmacher
Straußwirtschaft

Brotstraße 6
54329 Oberemmel/Saar
Tel. 06501/15557
weingut-hutmacher@t-online.de
www.weingut-hutmacher.de

Öffnungszeiten: Mai + Juni, Ende August – Anfang Oktober: Fr + Sa ab 17,
So + Fei ab 16 Uhr

Anfahrt:
Über die L 138 bis Oberemmel, dann in
die Brotstraße

Parken:
Vor dem Haus

Reservierungen:
Reservierungen sind möglich

Anzahl der Sitzplätze:
drinnen 60, draußen 60

Besonderheiten:
Alte Brennerei, Hoffest, Tapas zweimal
in der Saison, Weinwanderungen mit
Verkostungen

Mein Tipp: Scampis al ajillo mit einem
Pinot blanc

Hut ab vor Hutmacher!

1995 hat Michael Hutmacher den Winzerbetrieb seiner Eltern übernommen und leitet ihn heute mit seiner Ehefrau Jutta in der dritten Generation – traditionsbewusst und ambitioniert. So zeichnet sich dieser bemerkenswerte Betrieb im hochgelegenen Oberemmel unter anderem dadurch aus, dass der Winzer aus Passion noch eine Destillerie mit stilechtem Kupferkessel und allem, was dazu gehört, betreibt. Es zeichnet sich aber auch durch eine aparte Straußwirtschaft, eingerichtet mit Klavier, Antiquitäten und kleiner Schatzkammer, aus. In dieser serviert Jutta Hutmacher kleine Köstlichkeiten, die wahrlich exquisit sind und (unter tatkräftiger Hilfe des Nachwuchses) restaurantartig angerichtet werden: Es finden sich warme wie kalte Speisen, mediterran und kreativ, von Käse-Kräuter-Quiche über Bauernsülze mit Rosmarinkartöffelchen und Kräuter-Dip bis hin zum Pinot-Noir-Hühnchen und diversen Tapas. Zu den delikaten Speisen gesellen sich edle Tropfen mit der Handschrift von Michael Hutmacher: harmonische, trockene und feinherbe Weine mit moderatem Alkoholgehalt, dezenter Süße und feiner Säure. Hinzu kommen beispielsweise beim Pinot Blanc Duftnoten von Pfirisch und reifen Äpfeln oder beim Blanc de Noir eine cremige Struktur. Den Großteil seiner Reben nimmt der Riesling ein (65%), gefolgt von Weißburgunder, Rivaner, Regent und Blauem Spätburgunder. Sie wachsen vor allem im Rosenberg und Altenberg auf Schieferverwitterungsböden und werden schonend, naturnah ausgebaut – immer im Sinne bester Qualität. Einzigartig: Der Ausblick von der Terrasse über das Hochtal, wenn sich die Sonne senkt und alles in roten Schimmer taucht!

Bewertung

GESAMT: 🍇🍇🍇🍇🍇

Wein: 🍇🍇🍇🍇

Speisen: 🍇🍇🍇🍇

Ambiente: 🍇🍇🍇🍇

Zur Faßdaube Ludwin Schmitt
Straußwirtschaft

Brotstraße 2
54329 Oberemmel/Saar
Tel. 06501/99790
info@weingut-schmitt.de
www.weingut-schmitt.de

Öffnungszeiten:
Mitte März – Anfang Juni, Anfang September – Ende November: Fr + Sa ab 17, So + Fei ab 16 Uhr

Anfahrt:
Über die L 138 von Konz oder Wiltingen bis zur Kreuzung in der Ortsmitte Oberemmel, dann in die Brotstraße

Parken:
Vor dem Haus

Reservierungen:
Reservierungen sind möglich

Anzahl der Sitzplätze:
drinnen 59

Besonderheiten:
Themenabende aktuell auf der Internetseite, Wein-Rallye am 2. Wochenende im Juni

Mein Tipp: Jägerteller mit einem Auxerrois feinherb

Tipp für Genießer

Ludwin Schmitt ist kein Mensch der vielen Worte und versteht es trotzdem, oder gerade deshalb, das zu vermitteln, was ihm am Herzen liegt: Hand in Hand mit dem besonderen Kleinklima und den humiden Böden am unteren Lauf der Saar die Qualität seiner Tropfen stetig zu verbessern. Seine Weine, und da ist Ludwin Schmitt durchaus selbstkritisch, sollen autochthon und terroirbezogen sein. Schließlich bieten die 3,3 Hektar Rebfläche in Altenberg, Karlsberg und Rosenberg gute Voraussetzungen für charakterstarke Weine. Dank naturnahem Ausbau und Spontanvergärung gelingt es dem Winzer, fruchtig-frische, geradlinige Weine zu kreieren, die einen hohen Grad an Sortentypizität erreichen. Riesling, Elbling, Weißburgunder, Regent und Blauer Spätburgunder zählen zu den wichtigsten Rebsorten im Weingut Ludwin Schmitt, welches bei den Verkostungen der Landwirtschaftskammer regelmäßig mit Medaillen überschüttet wird. In der Küche schwingt indes Ludwins Ehefrau und ehemalige Weinkönigin Petra das Zepter. Ihr Standpunkt: Zu jedem guten Wein gehört auch ein leckeres Essen, ansonsten sei er nur die Hälfte wert. In diesem Sinne wird das Weinangebot mit einer großen Auswahl an regionaltypischen, bodenständigen Speisen aufgewertet – Kartoffel- oder Kürbissuppe, gebackener Camembert, diverse Vesperplatten mit Fleisch und Käse, aber auch Forellenfilet, Winzersteak und Wildschnitzel mit hausgemachten Spätzle und Pilzsauce gehören dazu. Und alles stammt von ausgewählten Lieferanten aus der Region. Die urige, gemütliche Straußwirtschaft hat im Hochsommer geschlossen und zeigt ihren Charme erst ab September – dann aber richtig!

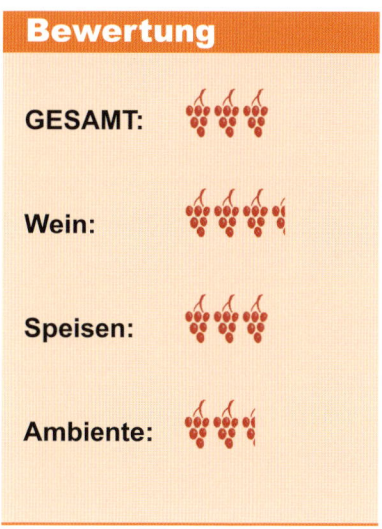

Bewertung

GESAMT:

Wein:

Speisen:

Ambiente:

Weingut Alois und Silvia Boesen
Straußwirtschaft

Auerstraße 2
54439 Palzem
Tel. 06583/453
info@weingut-boesen.de
www.weingut-boesen.de

Öffnungszeiten: Mai – Oktober: Sa ab 18, So ab 15 Uhr

Anfahrt:
B 419 nach Palzem, 1. Straße rechts

Parken:
Vor dem Haus

Reservierungen:
Reservierungen sind möglich

Anzahl der Sitzplätze:
drinnen 50, draußen 55

Besonderheiten:
3. Wochenende im Juli Hoffest mit Musik, letztes Wochenende im Oktober Wildessen, 3. Advent nostalgischer Weihnachtsmarkt

Mein Tipp: Schweinesteak mit Rotwein Cuvee „Red and Black"

Die Richtung stimmt

Auf insgesamt 12,5 Hektar Rebfläche in den hier vergleichsweise sanft-hü-geligen Weinbergen der oberen Mosel bauen Alois und Silvia Boesen nun-mehr seit über drei Jahrzehnten überwiegend weiße, aber auch rote Reb-sorten an, neben Burgunder und Riesling vor allem den regionalen Elbling. Nicht zuletzt mit der tatkräftigen Unterstützung durch Winzersohn Markus Boesen sind die Qualitäten aus dem Palzemer Vorzeigebetrieb in der jün-geren Vergangenheit noch besser geworden. Der Schlüssel zum Erfolg steckt wie so oft im Detail, sei es der schonende Ausbau der Weißweine, um Frische zu erhalten und Frucht zu betonen oder aber die lange Reife-zeit der Rotweine im Holzfass, um Struktur aufbauen zu können. Wohin der Weg mit den großen Investitionen in Kellertechnologie und Kelterhaus im Jahr 2016 führt, bleibt abzuwarten, die Richtung stimmt jedenfalls. Das zeigt auch Markus Boesens intensive Rotwein-Cuvee „Red and Black" aus Spätburgunder, Regent und Dacapo – 18 Monate im Barrique gereift. Auch der fruchtig, gehaltvolle Grauburgunder weiß zu gefallen. In der Strauß-wirtschaft gilt der Leitsatz „Tradition trifft Moderne", welcher im Übrigen auch auf die Weine zutrifft. Das äußert sich derart, dass der ursprüngliche Straußwirtschaftsgedanke und -charakter einerseits erhalten bleibt und gepflegt wird, gleichzeitig aber auch entstaubt und aufgefrischt wird: So ist vor allem die Gaststube weitaus weniger rustikal als andernorts, aller-dings ohne gleich auf den rollenden Vinothekenzug aufzuspringen. Von der klassischen Winzerplatte bis zum eleganten Scampi-Salat, vom deftigen Schweinerückensteak bis zum saftigen Wildragout setzt sich der gelunge-ne Mix aus Gegensätzen zum Wohl des Gastes fort.

Bewertung	
GESAMT:	🍇🍇🍇🍇🍇
Wein:	🍇🍇🍇🍇🍇
Speisen:	🍇🍇🍇
Ambiente:	🍇🍇🍇

Weingut Neusius Straußwirtschaft

Zum Moselufer 2
54439 Palzem-Wehr
Tel. 06583/425
info@mosel.de
www.Manfred.Neusius@t-online.de

Öffnungszeiten: 1. Augustwochenende – 3. Oktoberwochenende: Sa ab 16, So ab 15 Uhr

Anfahrt:
B 419 nach Palzem Wehr, Straße 3 km geradeaus, bis man auf das Moselufer stößt

Parken:
Vor dem Haus

Reservierungen:
Reservierungen sind möglich

Anzahl der Sitzplätze:
drinnen 50, draußen 30

Besonderheiten:
Hoffest am 2. Wochenende im Mai, 3. Oktoberwochenende als Herbstfest, Weinbergsführungen mit Verkostung

Mein Tipp: Flammkuchen vegetarisch mit einem Elbling Classic

Weinblick auf Luxemburg

Der Name Neusius ist an der Obermosel längst kein Unbekannter mehr – er steht für authentische Weine mit Reifepotenzial. Die Eheleute Neusius, Winzer Manfred und Ehefrau Marita, sind überaus bemüht, durch intensive Pflege der zwei Hektar Weinbergslagen und durch schonende Verarbeitung eine große Auswahl facettenreicher Weine zu kreieren. Regionaltypisch sind das zu 80% Elbling-Weine, aber auch solche von Grauburgunder-, Weißburgunder-, Rivaner-, Ortega-, Dornfelder- und Spätburgundertrauben, die hauptsächlich im Wehrer Rosenberg wachsen und gedeihen. Die Umsetzung seiner Philosophie – nämlich dem Gast mit viel Liebe zum Detail seine Weine näherzubringen – gelingt ihm meiner Meinung nach am besten bei den Burgundersorten, welche sauber vinifiziert, sortentypisch und mit intensivem Bukett daherkommen. Auch der Elbling gefällt: leicht, trocken und unkompliziert. Dazu werden in der Straußwirtschaft kalte wie warme Kleinigkeiten gereicht. Obacht: die Speisekarte ist nicht nur regionaltypisch, sie geht auch sprachlich ins Luxemburgische. „En Kéisplatt matt Drauwen" ist eine Käseplatte mit Trauben und „Ham, Fritten on Zalot" ist eine luxemburgische Schinkenspezialität mit Pommes Frites und Salat. Daneben werden aber auch Schmalzbrote, Käse- oder Schinkenplatten, Flammkuchen (Elsässer Art oder vegetarisch) und Elblingsteak in der geräumigen, mediterran gehaltenen Straußwirtschaft der überaus charmanten Gastgeberin Marita gereicht. Ein Tipp ist gewiss die Weinlaube mit Ausblick auf die gegenüberliegenden Rebhänge und die Mosel, die sich an dieser Stelle ihres Flusslaufes noch ruhiger und weniger breit gibt als einige Kilometer flussabwärts.

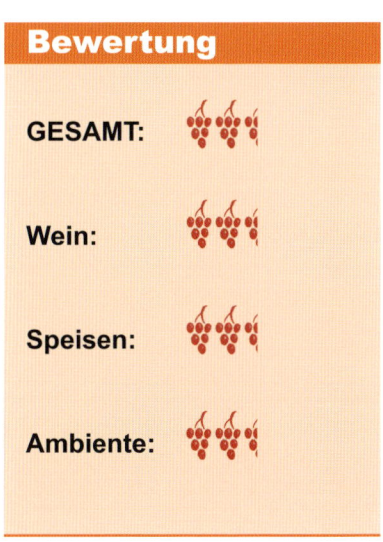

Bewertung

GESAMT:

Wein:

Speisen:

Ambiente:

Weingut Peter Lehnert-Veit Gutsschänke

In der Dur 6-10
54498 Piesport
info@lehnert-veit.de
www.lehnert-veit.de

Öffnungszeiten: Mai – Oktober: tägl. ab 11.30 Uhr

Anfahrt:
B 53 bis Piesport, am Kreisverkehr 3. Straße abbiegen, 2 Straße wieder rechts ist ausgeschildert

Parken:
Eigener Parkplatz

Reservierungen:
Reservierungen sind möglich

Anzahl der Sitzplätze:
drinnen 60, draußen 80

Besonderheiten:
direkt am Radweg gelegen, eigener Moselsteg. Hoffest am 3. Wochenende im August

Mein Tipp: Rostbraten vom Rumpsteak mit einem Spätburgunder Reserve

Niveau trifft Qualität

1653 war es Eucharius Lehnert, der die Erfolgsstory des Weinguts Lehnert-Veit in Piesport begründete. Sein Faustpfand waren Parzellen in einer der wohl besten Weinbergslagen der Mosel überhaupt, dem Piesporter Goldtröpfchen. Zehn Winzergenerationen sind es nunmehr, die dieser Weinbergslage Jahr für Jahr wahrhaftig goldene Tropfen entlocken. Überwiegend sind das Rieslingweine, aber auch Chardonnay, Sauvignon Blanc, Merlot und diverse Burgundersorten (weiß wie rot) gedeihen unter der Hand von Jungwinzer Peter Lehnert. Dieser setzt auf integrierten Weinbau, Einklang mit der Natur (im Keller wie auch im Weinberg) und selektive Lese – beste Zutaten für beste Weine. Und das sind die Weine auch: terroirgebunden, geprägt von reifen, gelben Früchten (soweit es die Weißen betrifft) und mit zartem Schmelz. Zu der 11,8 Hektar großen Rebfläche zählen indes nicht nur die Parzellen der Großen Lagen, sondern auch die steinigen Hänge der Günterslay und des Falkenbergs, die deutlich mineralische Tropfen hervorbringen. Die Winzerleistungen bleiben nicht im Verborgenen: Mitgliedschaft im Bernkasteler Ring, Auszeichnung im Gault Millau sowie vordere Plätze bei diversen Prämierungen sorgen für Anziehungskraft. Dieser wird das Gut mit der neuen und respektablen Vinothek gerecht, die sich über einen malerischen Garten – mit imposantem Brunnen und wunderbarer Flora – erhebt. Hier reicht Ingrid Lehnert, Peters Mutter, ein ansehnliches Speisenangebot (warm wie kalt). Von Tapas über klassische Winzerspezialitäten bis hin zu Fischgerichten, Rostbraten und leckeren Desserts besitzt die Karte beinahe schon Bistro-Charakter.

Bewertung

GESAMT: 🍇🍇🍇🍇🍇🍇

Wein: 🍇🍇🍇🍇🍇

Speisen: 🍇🍇🍇🍇🍇

Ambiente: 🍇🍇🍇🍇🍇

Weingut Alfred Dahm Straußwirtschaft

Bahnhofstraße 1
56862 Pünderich
Tel.06542/2805
info@alfred-dahm.de
www.alfred-dahm.de

Öffnungszeiten: Pfingsten, Anfang Juli – Ende Oktober: tägl. ab 16, So Ruhetag

Anfahrt:
B 53 bis Pünderich, links in die Hauptstraße abbiegen, nach ca. 600 Meter
liegt die Straußwirtschaft an der Ecke
Bahnhofstraße

Parken:
Vor dem Haus

Reservierungen:
Reservierungen sind möglich

Anzahl der Sitzplätze:
drinnen 50, draußen 62

Besonderheiten:
moderne Gästezimmer und Ferienwohnungen

Mein Tipp: Winzervesper mit einem
Riesling Neele

Modern und trotzdem familiär

Genuss mit Freu(n)den – so lautet das Credo, das sich die Familie Dahm auf die Fahnen geschrieben hat. Seit Generationen widmet sie sich dem Weinbau in Pünderich von ihrem herrschaftlichen Gutshaus aus. Unter Einsatz innovativer Ideen und mit reichlich Herz werden 3,6 Hektar Rebfläche, die sich zu einem Drittel in Steillage befindet, bewirtschaftet – frei nach dem Leitgedanken des naturnahen Weinbaus und der schonenden Verarbeitung der Trauben. Das Rebsortenspektrum von Winzer Michael Dahm reicht über Riesling, Rivaner, Weißburgunder, Dornfelder, Spätburgunder, Portugieser und Regent bis hin zu Besonderheiten wie Domina und Bacchus. Sie alle eint die ausgeprägte Sortenreinheit, Spritzigkeit und das reichhaltige Bukett, das umso feingliedriger zu werden scheint, je mehr Sterne das Etikett zieren (von drei Sternen für Qualitätsweine bis zu fünf Sternen für die eigenen Spitzenweine). Begeisternd waren im Weißwein-Bereich der Riesling „Neele" (nach der gleichnamigen Tochter), dessen Geschmacksnoten von Steinobst und Zitrusaromen am Gaumen sehr präsent, geradezu kräftig wirken, mit langem Abgang, sowie der Blanc de Noir – ein typischer Sommerwein, der durch einen leichten Schiefergeschmack, dezente Aromen von Waldbeeren und durch sanfte Säure Salaten und Geflügel ideal ergänzt. Auch die Straußwirtschaft von Gattin Gabi und Mutter Johanna verdient eine Auszeichnung, überzeugt sie doch mit einem locker-freundlichen Flair und einer vergleichsweise großen Auswahl an Speisen: Frisch zubereitete Suppen, kalte (Käse- oder Schinken-) Platten, Wurstsalate, Matjes oder Sülze mit Bratkartoffeln, Winzersteaks, Flammkuchen und Ofenkartoffeln mit Kräutercreme stehen auf der Karte.

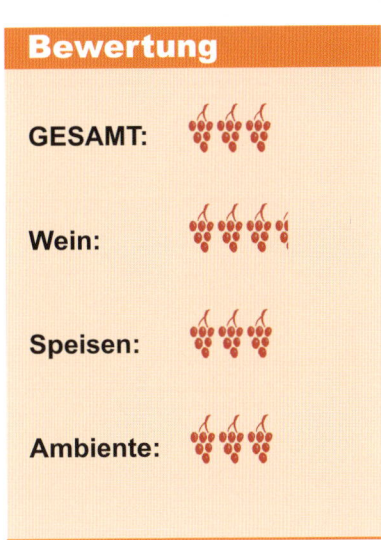

Bewertung

GESAMT:

Wein:

Speisen:

Ambiente:

„Haus Karina", Weingut Thomas Barzen
Straußwirtschaft

Moselstraße 21
56861 Reil
Tel. 06542/21854
info@hauskarina.de
www.weinhaus-karina.de

Öffnungszeiten: April – 1. November: täglich ab 11 Uhr, Mi + So Ruhetag

Anfahrt:
B 53 bis über die Brücke nach Reil, direkt hinter der Brücke rechts in die Moselstraße

Parken:
Vor dem Haus

Reservierungen:
Reservierungen sind möglich

Anzahl der Sitzplätze:
drinnen 40, draußen 20

Besonderheiten:
Hoffeste Christi Himmelfahrt, Pfingsten und Fronleichnam

Mein Tipp: Winzersteak mit Kräuterbutter und Speckkartoffelsalat

Reiler Königinnenhaus

Das Weingut Thomas Barzen ist ein regelrechtes Adelshaus, immerhin entstammen ihm die ehemaligen Weinköniginnen Karina I. (1997/1998) und Christine I. (2000/2001), wobei Karina I. nicht nur Königin sondern auch Gebietsweinprinzessin war. Klar, dass angesichts dieser Umstände Tradition und Herkunft groß geschrieben werden: Mit Stolz verweist die Familie auf den historischen Weinkeller von 1231 und die 2,8 Hektar Rebfläche in den Steilhängen des Moseltals rund um das über 1000 Jahre alte Reil. Doch ansonsten geht es eher locker und natürlich zu im Hause Barzen. Das fängt bei den leichten und fruchtigen Weinen an (Riesling (60%), Grau- und Weißburgunder, Müller-Thurgau, Rivaner und Dornfelder), die äußerst spritzig, kaum verschlossen wirken und setzt sich in der Straußwirtschaft fort. Die erweckt mit ihren großzügigen, doppelstöckigen, von Rebblättern und Blumen behangenen Terrassen ein Hauch von Südstaaten-Flair – insbesondere dann, wenn das Moseltal in Dämmerlicht getaucht wird. Innen geht es dagegen hell und modern zu – passend zum Charakter der Weine, denn die sind leicht, fruchtig und unkompliziert, was sicherlich auch am Ausbau in Edelstahltanks liegt. Der Hauswein wird begleitet von kalten Vespern und deftig-warmen Speisen aus der Küche von Mutter Liane Barzen, wobei das saftige Winzersteak und der aromatische Speckkartoffelsalat hervorzuheben sind. So sind es zwei Generationen, die im Traditionsweingut unter einem Dach zusammenarbeiten. Die aufgeweckten Töchter der ehemaligen Weinkönigin Christine und ihres Ehemannes Markus Barzen werden – im Prinzessinnen-Alter – vielleicht auch einmal Weinköniginnen, wer weiß ...

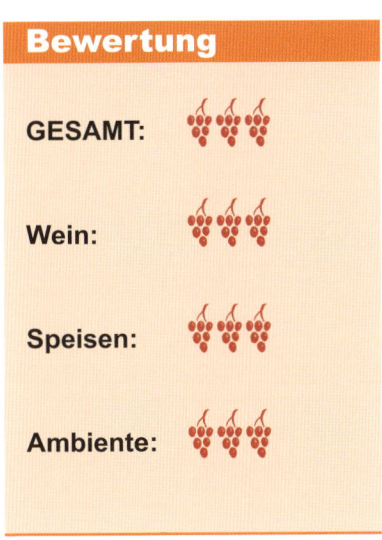

Bewertung

GESAMT: 🍇🍇🍇🍇

Wein: 🍇🍇🍇

Speisen: 🍇🍇🍇🍇

Ambiente: 🍇🍇🍇🍇

Weingut Alexandra Müller Straußwirtschaft

Moselstraße 47
56861 Reil
Tel. 06542/21362
wgtam@t-online.de
www.weingutmueller.jimdo.com

Öffnungszeiten: Juli, Anfang September – Ende Oktober: Do – So ab 13 Uhr

Anfahrt:
B 53 bis Reil, rechts hinter der Brücke an die Moselpromenade

Parken:
An der Mosel

Reservierungen:
Reservierungen sind möglich

Anzahl der Sitzplätze:
drinnen 12, draußen 18

Besonderheiten:
sehr schöner Garten mit Blick auf die Mosel

Mein Tipp: Geräuchertes Forellenfilet mit Speckkartoffelsalrt und Riesling Spätlese feinherb

Mutter-Tochter-Erfolgsgespann

Das Reiler Kleinod von Alexandra Müller ist trotz seiner überschaubaren Größe so vielfältig und bezaubernd wie kaum eine andere Straußwirtschaft an der Mosel. Natürlich gibt es auch hier den obligatorischen, zünftigen Innenhof mit Tisch und Stühlen unter Sonnenschirmen, der überaus gut angenommen wird. Doch Alexandra Müller hat – seit der Neueröffnung im August 2012 – aus dem Haus aus dem Jahre 1433 noch wesentlich mehr gemacht, mit viel Charme und noch mehr Gefühl. So gibt es eine kleine Bar mit niedriger Decke und geradezu verwunschenen Hockern, einen bildschönen, gepflegten Garten mit Ausblick und einen Rittersaal mit kolossalem Kamin und authentischem Mobiliar. Serviert werden, hier wie da, die Weine aus dem eigenen Gut: überwiegend sortenreiner Riesling, aber auch mancher Burgunder, Auxerrois, Rivaner, Chardonnay und Dornfelder aus den Weinbergen rund um Reil. Sie werden in den Geschmacksrichtungen trocken, halbtrocken, feinherb und lieblich naturnah ausgebaut. Insgesamt fünf Hektar Rebfläche bewirtschaftet Alexandra Müller, die in der Straußwirtschaft von Tochter Jasmin Altenweg tatkräftig unterstützt wird. Die Speisekarte ist typisch und übersichtlich gestaltet: mit Käsewürfeln, geräucherten Forellenfilets und Speckkartoffelsalat beispielsweise. Die Küche bleibt zumeist kalt; auf Anfrage macht das herzliche Mutter-Tochter-Erfolgsgespann aber auch schon einmal eine Ausnahme. Mit Hoffesten und ähnlichen Veranstaltungen warten Alexandra und Jasmin zwar nicht auf, jedoch können die beeindruckenden Räumlichkeiten für kleine Feiern angemietet werden. Zum Anlass passend gibt es dann einen roten und einen weißen Secco des Hauses!

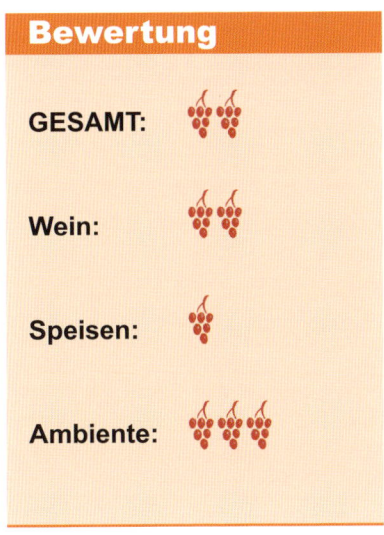

Bewertung

GESAMT:

Wein:

Speisen:

Ambiente:

Weingut Weich Straußwirtschaft

Bahnhofstraße 17
54340 Riol
Tel. 06502/2648
weingut-weich@t-online.de
www.weingut-weich.de

Öffnungszeiten: Anfang Mai – Ende Oktober: Mo – Sa ab 17 Uhr

Anfahrt:
Von der Abfahrt Longuich über die L 145 bis Riol, 1. Abfahrt rechts in die Bahnhofstraße

Parken:
großer Parkplatz vor dem Haus

Reservierungen:
Reservierungen sind möglich

Anzahl der Sitzplätze:
drinnen 65, draußen 65

Besonderheiten:
Bett & Bike, Mosel Radweg in der Nähe, Edelobstbrände aus eigener Destille, Gästezimmer

Mein Tipp: Hausmacher Sülze mit Bratkartoffeln mit einer Riesling Spätlese feinherb oder einem Merlot trocken für die Rotweinfreunde

Lässt keine Wünsche offen

Die Winzerfamilie Weich aus Riol kann voller Stolz auf eine lange Historie zurückblicken, die bis ins Jahr 1650 zurückreicht. Seit eh und je steht ein nachhaltiges und umweltbewusstes Bewirtschaften der Weinberge ganz oben auf ihrer Liste. Die 9 Hektar Hanglagen sind hier in Riol noch nicht ganz so steil, wie man es sonst von der Mittelmosel ein paar Kilometer flussaufwärts kennt, was die strenge Selektion von Winzer Bernhard Weich während der Lese gewiss ein Stück weit erleichtert. Römerberg, Hirschlay, Zellerberg (Mehring) und Annaberg (Schweich) – bestückt mit Riesling, Rivaner, Sauvignon Blanc, Kerner, Weiß- sowie Grauburgunder, Merlot und Spätburgunder – bilden das variantenreiche Weinportfolio. Hinzu gesellt sich aber auch eine beachtenswerte Kollektion an Bränden, Essigen und Likören, wie zum Beispiel der leckere Balsamico Essig aus einer Riesling Beerenauslese. Nicht minder abwechslungsreich gestaltet sich die Küche der 15 Jahre alten und sehr gemütlichen Straußwirtschaft der zuvorkommenden Winzergattin Iris Weich: Hier steht eine sehens- und probierenswerte Auswahl an Winzersteaks, Salattellern und Flammkuchen auf der Karte, die um Schinken- und Käseteller ergänzt wird. Nicht unbeachtet bleiben dabei die jungen Gäste, für die auf Wunsch Piccolinis (das sind Mini-Pizzen) aufgebacken werden. Sommertipp: Zur Abkühlung gibt es diverse Eissorten am Stiel aus der Kühltruhe. Auch die hübschen und gepflegten Gästezimmer sind, zumal diese für eine Pension recht komfortabel ausfallen, selbst für einen längeren Aufenthalt zu empfehlen.

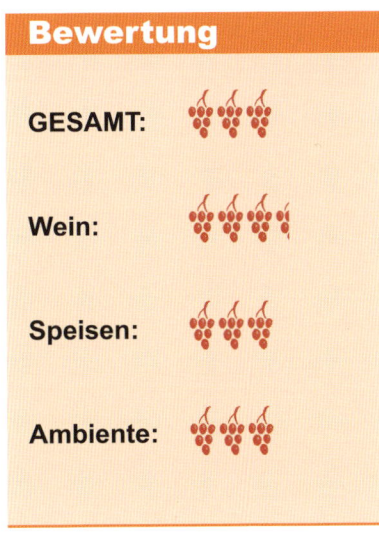

Bewertung

GESAMT:

Wein:

Speisen:

Ambiente:

Weingut von Sikorski Straußwirtschaft

Moselweinstraße 42
56820 Senheim-Senhals
Tel. 02673/4426
weingut.von.sikorski@t-online.de
www.weingutvonsikorski.de

Öffnungszeiten: Mitte Mai – Mitte Juli, Anfang August – Mitte Oktober: Mo – Sa
+ jeden 1. u. 2. So im Monat ab 11 Uhr, Di Ruhetag, Pfingsten geöffnet

Anfahrt:
B 49 bis Senhals auf der Hauptstraße
durchfahren

Parken:
Vor dem Haus

Reservierungen:
Reservierungen sind möglich

Anzahl der Sitzplätze:
drinnen 30, draußen 30

Besonderheiten:
Dia-Vortrag, Radweg und Moselsteig

Mein Tipp: Flammkuchen mit einem
Riesling alte Reben

Qualität und Flair

Kontinuität, Qualität und Tradition – so lautet Frank von Sikorskis Credo, nach dem er das Weingut der Familie nunmehr schon in der achten Generation leitet. Sein Ziel: charaktervolle und individuelle Weine zu keltern, die die Besonderheit des Terroirs ausdrücken. Hierfür stehen ihm Riesling-, Müller Thurgau-, Grauburgunder-, Gewürztraminer-, Dornfelder- und Spätburgunderreben zur Verfügung, die auf circa vier Hektar Rebfläche im Römerberg und dem Rüberberger Domherrenberg wachsen und gedeihen. Die einzelnen Weine sind von ihrer Typizität der Sorte her in den unterschiedlichsten Ausbauvariationen gut herausgearbeitet und weisen zusätzlich starke Frucht, Mineralik und Saftigkeit auf – da kann man nicht meckern. Der Spätburgunder sollte dekantiert werden. Ein Geheimtipp ist der Gewürztraminer mit Nuancen von Rosenöl, Kräutern und Eibisch sowie einer angenehmen Grapefruit-Note. Franks Ehefrau Hedi ist für die Küche der hauseigenen Straußwirtschaft zuständig und bereitet ihren Gästen eine ausgeglichene Auswahl an kalten und warmen Kleinigkeiten zu: Schmalzbrot, Käseteller, Schinkenplatte, Folienkartoffel mit Winzerkäse sowie drei verschiedene Varianten vom Flammkuchen: mit Schinken und Zwiebel, mit Weichkäse und Peperoni oder mit Apfel, Zimt und Zucker. Die Straußwirtschaft ist im mediterran wirkenden Gutsgebäude, das in Richtung Ortskern gelegen ist, beheimatet. Geht man jedoch einmal um das Wohnhaus herum, liegt auf der anderen, moselseitigen Hälfte des Grundstücks eine herrlich ruhige Terrasse mit sensationellem Blick auf die Mosel und die Senheimer Weinberge – direkt am Moselradweg: einmalig!

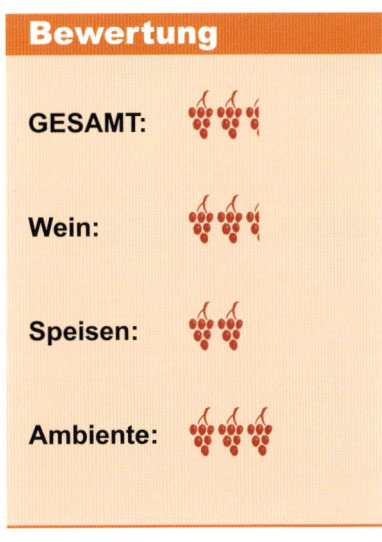

Bewertung

GESAMT:

Wein:

Speisen:

Ambiente:

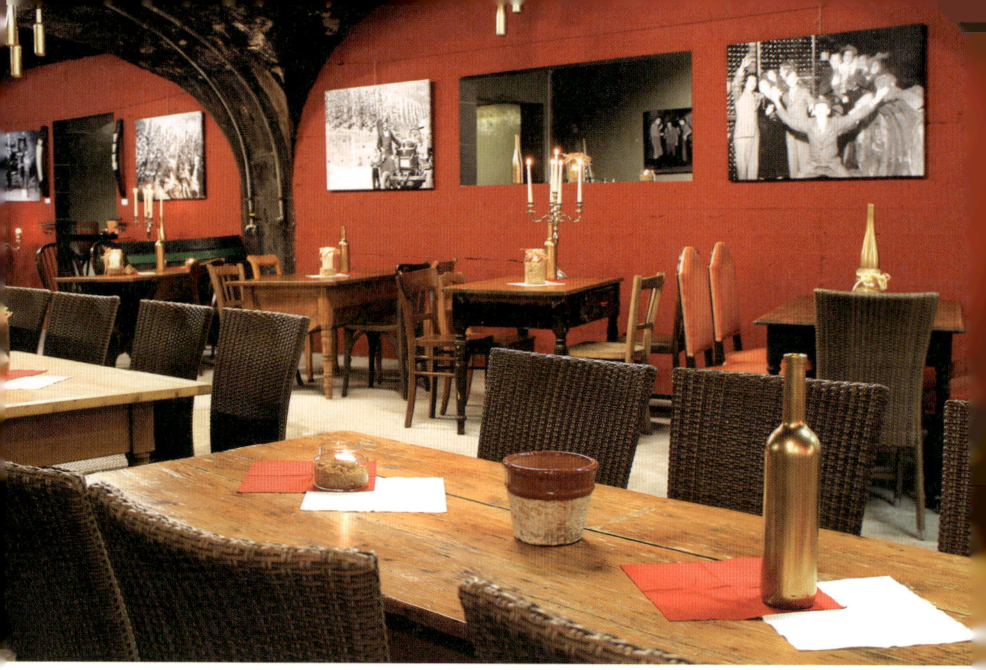

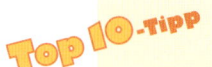

Weingut Walter J. Oster Straußwirtschaft

Top 10-Tipp

Am Moselstausee 29
56858 Sankt Aldegund
Tel. 02675/235
ferien@weingutoster.de
www.weingutoster.de

Öffnungszeiten: Mai – November: 9.30 Uhr – 18 Uhr; Dezember – April: Mo – So 11 – 17 Uhr

Anfahrt:
B 49 bis St. Aldegund

Parken:
Vor dem Haus

Reservierungen:
Reservierungen sind möglich

Anzahl der Sitzplätze:
drinnen 120

Besonderheiten:
Genuss-Manufaktur

Mein Tipp: Winzersteak mt Sauvignon Blanc

Ausnahmeerscheinung inter alia

Seit 15 Generationen prägt die Familie Oster mit Zeitgeist und Tradition den Weinbau in der Calmont-Region. Aktuell sind es mit Walter J. Oster und Sohn Michael Oster, Oenologe, zwei Generationen, die gemeinsam am Werk sind und denen ein beeindruckend erfolgreicher Mix aus Innovation, Kreativität, Bodenständigkeit und Zielstrebigkeit gelingt. Basis des Erfolgs sind vor allem die zwölf Hektar bester Weinbergslagen an der thermisch begünstigten Terrassenmosel – unter anderem im Ediger Elzhofberg, dem Bremmer Calmont und dem Neefer Frauenberg. Über Jahrtausende hat sich die Mosel per Erosion in das Gestein gefräst, welches gerade hier in den Terrassen der Calmont-Region überaus vielfältig ist. In Verbindung mit dem weitreichenden Wurzelnetz der teils über 90 Jahre alten Reben beschert diese spezielle Geologie den edlen Gewächsen der Familie Oster besonders mineralische Weißweine. Neben dem klassischen Riesling zählen dazu Rivaner, Gewürztraminer, Muskateller und Sauvignon Blanc. Hinzu kommen – dank ausreichender Reifezeit – gehaltvolle Rotweine der Rebsorten Cabernet Dorsa, Spätburgunder, Dornfelder und Regent. Der Gutsverkauf und -ausschank gestaltet sich im Hause Oster aufgrund des fulminanten Angebots an Weinen, Essigen, Bränden, Ölen und Likören (aus eigener Manufaktur) ein wenig anders als üblich: So kommt die Straußwirtschaft ohne eigene Speisekarten aus, hier kann man nach einem Tagesangebot aussuchen – dann jedoch die ganze Bandbreite der typischen Spezialitäten in hervorragender Qualität. Gespeist und verkostet wird jeweils in einer sehenswerten Kelleratmosphäre, eingerahmt von Antiquitäten und Erinnerungsstücken.

Bewertung

GESAMT:

Wein:

Speisen:

Ambiente:

Weingut K. J. Thul **Straußwirtschaft**

Im Bungert 6-8
54340 Thörnich
Tel. 06507/3752
info@wein-thul.de
www.wein-thul.de

Öffnungszeiten: Mitte Mai – 15. August, Mitte September – 3. Oktober: täglich ab 13 Uhr, Ruhetag: Mi

Anfahrt:
B 53 bis Thörnich, rechts ab bis Dorfmitte, dann links sehr gut ausgeschildert

Parken:
Vor dem Haus

Reservierungen:
Reservierungen sind möglich

Anzahl der Sitzplätze:
drinnen 50, draußen 50

Besonderheiten:
Direkt am Radweg, Bett & Bike

Mein Tipp: Weinsülze von Schweinebäckchen mit Bratkartoffeln und Remoulade, dazu ein Riesling trocken aus dem Thörnicher Ritsch

Adenauers Favorit

Seit fünf Generationen, mehr als 145 Jahre, ist die Winzerfamilie Thul schon in Thörnich beheimatet und es werden wohl noch einige hinzukommen. Gemeinsam mit seinem Vater Karl-Jürgen Thul wird Geisenheim-Absolvent Karl-Josef Thul in Zukunft weiter an der Qualitätsschraube drehen und die Winzertradition mit modernen Erkenntnissen verknüpfen. Ein Faustpfand ist dabei sicherlich der Thörnicher Ritsch, jener Weinberg, dessen Erzeugnisse einst schon von Bundeskanzler Konrad Adenauer für besonders delikate Verhandlungen präferiert wurden. Aber auch neben diesem legendären Weinberg mit wurzelechten, alten Reben besitzt die Familie Thul an die 10 Hektar bester Rebflächen rund um Thörnich, Riol und Detzem in flachen bis steilen Schieferterrassen. Neben Riesling (65%) wachsen hier Weißburgunder, Müller-Thurgau, Spätburgunder, Regent und Dornfelder – edle, ja hervorragende Tropfen, die allesamt in der hauseigenen Straußwirtschaft von Mutter, Ehefrau und Managerin Cornelia Thul ausgeschenkt werden. Die Straußwirtschaft ist ein wahres Kleinod, denn die wenigen Plätze auf der sonnigen Terrasse muten geradezu mediterran an: wie ein Straßencafé in Südfrankreich, von einer wahren Blütenpracht umsäumt. Auf den Tisch kommen regionale Spezialitäten wie „Himmel un Ääd" oder moselländische Weinsülze vom Schweinebäckchen, aber auch hausgemachte Flammkuchen und frisch geräucherte Forellenfilets. Auch an Vegetarier und Süßschnäbel (karamellisierte Apfelspalten mit hausgemachter Marmelade und Vanilleeis) wird gedacht! Dazu: ein Glas des von Konrad Adenauer favorisierten, charakterstarken Rieslings aus dem Thörnicher Ritsch, der schon so manchen Diplomaten schwach werden ließ ...

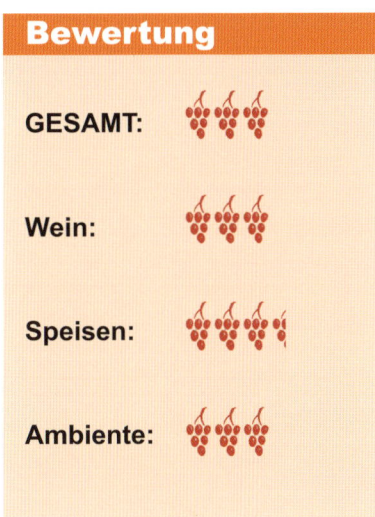

Bewertung

GESAMT:

Wein:

Speisen:

Ambiente:

Weingut Caspari-Eggert Gutsschänke

Weiherstraße 18
56841 Traben-Trarbach
Tel. 06541/5778
info@weingut-caspari.de
www.weingut-caspari.de

Öffnungszeiten: Anfang Mai – Ende Oktober, zum Mosel Weihnachtsmarkt:
Mo – Fr ab 17, Sa + Fei ab 11 Uhr, So Ruhetag

Anfahrt:
B 53 auf die L187 in Trarbach bis zum Kreisverkehr, dann links hoch Richtung Ortsmitte in die Weiherstraße

Parken:
Auf der Straße

Reservierungen:
Reservierungen sind möglich

Anzahl der Sitzplätze:
drinnen 80, draußen 60

Besonderheiten:
Hoffest, kulinarische Wanderungen, Musik-Festival und 1 x im Monat Veranstaltungskalender, Ferienwohnungen

Mein Tipp: Gratinierter Ziegenkäse mit Salat und einer halbtrockenen Riesling Auslese feinherb aus der Enkricher Ellergrub

Qualität hat einen neuen Namen

Das Weingut Caspari aus Traben-Trarbach selbst ist schon etwas betagter, zählt allerdings zu der Gruppe von Winzerhöfen, die irgendwann nicht mehr von der Gründerfamilie weiterbetrieben werden will oder kann. Immerhin vier Generationen überdauerte es, ehe die Familie Eggert den Betrieb zum Jahrtausendwechsel gekauft und übernommen hat. Seither hat sich einiges verändert, wie zum Beispiel die Qualitätspyramide: Denn angesichts der Verwässerung althergebrachter Qualitätsbegriffe durch großindustrielle Produktion und Dumpingpreise sehen sich die Neueinsteiger – nicht zu Unrecht – zu neuen Wegen berufen. Was landläufig unter Qualitätswein bekannt ist, nennt sich hier Schiefergrund und was als Spätlese gilt, läuft bei den Eggerts unter der Bezeichnung Goldstück. Goldstücke sind die Tropfen von Albrecht Eggert allemal: aus 4,5 Hektar Rebfläche (ausschließlich in Steillagen) holt der Winzer authentische Weine, die durch ein feines Süße-Säure-Spiel und prägnante Fruchtnoten überzeugen (insbesondere die aus der Enkircher Ellergrub). Mit viel Liebe zum Detail und urgemütlicher Gastlichkeit werden die Gäste in der Gutsschänke empfangen. Das Arrangement mit Mobiliar und Deko aus der Vergangenheit ist wohldosiert: Es nimmt Distanz und schafft Lockerheit. Wie gut, dass mit Köchin Michaela Steinbrunn auch das leibliche Wohl nicht zu kurz kommt, denn die Speisekarte kann durchaus als exquisit beschrieben werden. Hier finden sich frische Salate (auch pikant angemacht), Flammkuchen aus dem Steinofen, Tafelspitz mit Meerrettich, Steaks, aber auch die moseltypischen Speisen aus der Winzerküche wie Tresterfleisch und gebratene Blutwurst.

Bewertung

GESAMT: 🍇🍇🍇🍇🍇

Wein: 🍇🍇🍇🍇

Speisen: 🍇🍇🍇🍇

Ambiente: 🍇🍇🍇

Weingut Trossen Straußwirtschaft

Alter Brauerweg 6
56841 Traben-Trarbacher
Tel. 06541/2937
info@trossen-weine.de
www.trossen-weine.de

Öffnungszeiten: Mai – Ende Oktober: ab 12 Uhr, Di Ruhetag

Anfahrt:
B 53 bis Traben, geradeaus bis zur Kirche, dann links der Beschilderung nach

Parken:
Vor dem Haus

Reservierungen:
Reservierungen sind möglich

Anzahl der Sitzplätze:
drinnen 34, draußen 28

Besonderheiten:
Planwagenfahrten, Weinbergswanderung

Mein Tipp: Flammkuchen mit Lachs und Honig-Senf-Sauce, dazu ein Riesling 2014 Finesse trocken

Direkt am Wanderweg und unbedingt empfehlenswert

Seit vielen Generationen gehört das Winzersein zur Familie Trossen dazu. So wurde man schon als Kind mit in die Weinberge genommen und vom Zusammenspiel zwischen Mensch und Natur derart fasziniert, dass es einen ein Leben lang nicht mehr loslässt. So erging es zumindest Winzermeister Jörg Trossen, der sich Anfang der 1980er Jahre als eigenständiger Winzer in Traben niederließ und seither für das Terroir arbeitet. Seit 2011 ist Sohn Mark Trossen mit an Bord, der seinerseits mit Auszeichnung zum Winzermeister avancierte. Gemeinsam sind sie mit ihrem Team aus ehemaligen Winzern und solchen, die auch schon als Kinder mit in die Weinberge genommen wurden, in den 8,5 Hektar Weinbergslagen des Trabener Würzgartens und des Kröver Steffensbergs unterwegs. Alle wissen um die Verantwortung als Winzer und arbeiten schnell und zuverlässig, als wären sie selbst der Winzer. Gepaart mit dem konsequenten Qualitätsstreben wie auch den frischen Ideen von Mark entwickeln sich so elegante Rieslinge, vollmundige Rotweine, ja selbst handgerüttelte Winzersekte. Dass sich Vater und Sohn vollkommen auf den Wein konzentrieren können, verdanken sie der perfekten Organisation von Birgit Trossen, die ihrerseits für Straußwirtschaft und Kundenbetreuung verantwortlich zeichnet. Die Straußwirtschaft ist in diesem Fall eine helle, modern gehaltene Vinothek, die sich mit dem Gutshaus oberhalb von Traben in die Weinberge schmiegt. Der Ausblick auf Traben-Trarbach, besonders von der sonnigen Terrasse (quasi mitten in den Reben!) , ist fantastisch. Und auch die Speisen (Antipasti, Tapas, Wild, Flammkuchen, Rösti und mehr) sind mehr als zufriedenstellend.

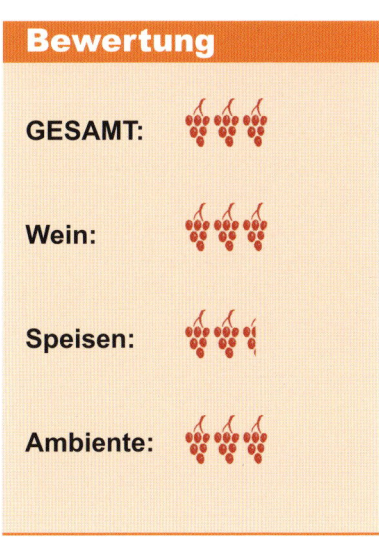

Bewertung

GESAMT:

Wein:

Speisen:

Ambiente:

Weingut Longen Straußwirtschaft

Mertesdorfer Straße 14
54292 Trier-Eitelsbach
Tel. 0651/52564
info@wein-longen.de
www.wein-longen.de

Öffnungszeiten: Ende April – Juni, August – Mitte Oktober: 17 – 21, Sa ab 18 Uhr

Anfahrt:
Von Trier nach Eitelsbach, mitten auf der Mertesdorfer Straße

Parken:
Auf der Hauptstraße

Reservierungen:
Reservierungen sind möglich

Anzahl der Sitzplätze:
drinnen 40

Besonderheiten:
Hoffest am 1. Wochenende im August, Weinwanderungen

Mein Tipp: Winzervesper mit einer Riesling Spätlese; ab September der Zwiebelkuchen

In der Ruhe liegt die Kraft

Das Weingut der Familie Longen liegt nicht an der Mosel, sondern im wesentlich beschaulicheren Ruwertal, fernab vom großen Tourismus. Das hat viele Vorzüge: So ist die Vegetationsperiode (wegen geringerer Durchschnittstemperatur) länger und auch die größeren Tag-Nacht-Temperaturunterschiede begünstigen das Wachstum der Reben. Es kommt daher nicht von ungefähr, dass Josef Matthias Longen – mittlerweile in der sechsten Generation – besonders spritzige und elegante Rieslinge in die Flasche zaubert. Auf 4,8 Hektar gedeihen seine Trauben (neben Riesling auch Kerner, Müller-Thurgau und Weißburgunder) in den Hängen des Mertesdorfer Herrenbergs und des Eitelsbacher Marienholzes, an denen im Übrigen auch der Ruwertal-Geschichtsweg entlangführt. So kehren in der hellen, einfach eingerichteten Straußwirtschaft neben Weinfreunden auch Wissenshungrige ein, die von Ehefrau Marita bestens bewirtet werden. Besonders die Winzervesper und die kross gebratenen Bratkartoffeln (wahlweise mit Rühr- oder Spiegelei) finden großen Anklang, aber natürlich gibt es auch Brot, Wurst und Käse zum Wein auf der Karte. Die größte Entdeckung machte Marita Longen 2014 allerdings, als sie im Ruwertal einen alten Weinberg im „Dornröschenschlaf" rekultivierte. Von Dornen befreit, wächst hier nun eine Vielzahl alter Reben, die in Kürze zum ersten Mal gekeltert und abgefüllt werden können. Und weil die Uhren hier etwas langsamer zu ticken scheinen und der touristische Andrang nicht ganz so groß ist, kann der Gast auch mal an einer geführten Wanderung durch die Weinberge des Ruwertals teilnehmen.

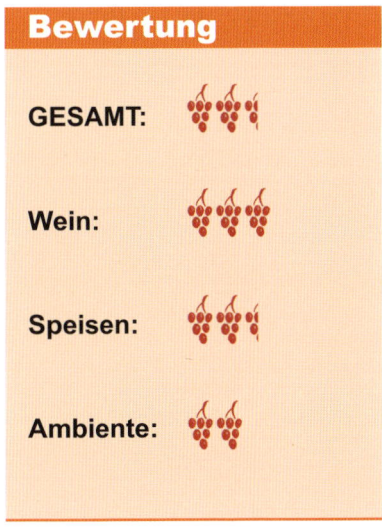

Bewertung

GESAMT:

Wein:

Speisen:

Ambiente:

Wein- und Sektgut Horch-Göbel
Straußwirtschaft

Fährstraße 32
56333 Winningen
Tel. 02606/1543
info@horch-goebel.de
www.horch-goebel.de

Öffnungszeiten: Anfang Mai – Ende Juni, Ende August – Mitte Oktober: Di, Fr + Sa ab 16.30 Uhr

Anfahrt:
In Winningen im Ortskern in die Fährstraße abbiegen

Parken:
Auf dem Marktplatz

Reservierungen:
Reservierungen sind möglich

Anzahl der Sitzplätze:
drinnen 35, draußen 35

Besonderheiten:
Jahrgangspräsentation, Lichterglanztag vor dem 1. Advent, Steillagenweinfest im Juli

Mein Tipp: Kalter Schweinebraten mit einer Riesling Spätlese trocken aus dem Röttgen

Horch + Winningen = Spitzenklasse

Bei der Verbindung zwischen dem Namen Horch und dem Ort Winningen, bekommt der eine oder andere Leser vielleicht spitze Ohren wegen der Namensgleichheit mit Audi-Gründer August Horch. Und wer sich schon einmal näher mit Herrn Horch beschäftigt hat weiß, dass der berühmte Ingenieur aus einer Winninger Winzerdynastie stammte. Das sollte jedoch kein Grund sein für das Winzerehepaar Klaus Eduard und Brigitte Horch-Göbel, sich hinter dem berühmten Namensvetter zu verstecken, denn was die Eheleute aus ihren fünf Hektar Rebfläche in Steillage machen, verdient Hochachtung. Gewiss ist die Familie seit über 250 Jahren mit absoluten Spitzenlagen wie Winninger Uhlen, Röttgen und Bruchstück, gesegnet, doch diese allein sind noch kein Garant für derartig konstant hohe Qualitäten über mehrere Jahrgänge hinweg. Mit begeisterter Bodenständigkeit huldigt man im Weingut Horch-Göbel dem einzigartigen Terroir, welches für mineralische, in-sich-harmonische Tropfen von feingliedriger Frucht sorgt. Riesling, Weißburgunder, Spätburgunder (auch als Blanc de Noir), Rotling, Rivaner und Regent spannen den Rebsortenspiegel auf, der seine Vollendung in Verbindung mit den Speisen findet. Die warmen wie kalten, kleineren wie größeren Speisen sind durchdacht, abwechslungsreich und auf die Bedürfnisse der Weinfreunde abgestimmt. Ob Kräuterbaguette, gemischter Salat, Schweinebraten mit Remoulade, Schwartenmagen, Kartoffeltopf oder die verschiedenen Käsevariationen – hier kommt jeder auf seine Kosten. Sehr gutes Essen, über alle Zweifel erhabene Weine und ein unverwechselbarer, märchenhafter Innenhof machen das Weingut Horch-Göbel so besonders.

Bewertung

GESAMT: 🍇🍇🍇🍇🍇

Wein: 🍇🍇🍇🍇🍇

Speisen: 🍇🍇🍇🍇🍇

Ambiente: 🍇🍇🍇🍇

Weingut Matthiashof Straußwirtschaft

Bergstraße 12 und 13
54487 Wintrich
Tel. 06534/93250
info@matthiashof.de
www.matthiashof.de

Öffnungszeiten: Anfang Mai – Mitte Juni, Anfang August – Ende Oktober: ab 18 Uhr, So Ruhetag

Anfahrt:
B 53 bis Ortsmitte, vor der VR Bank hoch auf die Bergstraße fahren

Parken:
Vor dem Haus

Reservierungen:
Reservierungen sind möglich

Anzahl der Sitzplätze:
drinnen 40, draußen 25

Besonderheiten:
Hoffest letztes Wochenende im Juli, Tag der offenen Weinkeller immer an Pfingsten; Gästezimmer, Ferienwohnung

Mein Tipp: Überbackener Hirtenkäse mit einem Weißburgunder Classic

Matthiaskult in Wintrich

Stefan und Martina Gorges betreiben den Familienbetrieb bereits in der vierten Generation und werden dabei tatkräftig von ihren Töchtern Melanie und Christina unterstützt. Die Aufgabenteilung ist klar: Vater Stefan und Tochter Melanie kümmern sich um den Wein, Mutter Martina und Tochter Christina um die Gäste in Gästehaus und Straußwirtschaft. Im önologischen Bereich führt die gelungene Mischung aus der Erfahrung des Vaters und dem Wissen der Geisenheim-Absolventin zu durchaus respektablen Weinen aus Riesling-, Rivaner-, Kerner-, Spätburgunder-, Regent- und Dornfeldertrauben. Diese entstammen den 6 Hektar Rebflächen im Wintricher Großer Herrgott, dem Wintricher Ohligsberg, Brauneberger Klostergarten und dem Piesporter Treppchen, ehe sie in den Keller kommen, wo sie fachmännisch und schonend ausgebaut werden, um ihren Charakter möglichst ausdrucksstark zur Geltung zu bringen. Die Weißweine zeigen sich fruchtig, fruchtbetont und geradlinig, mit guter Säurestruktur und ausgeprägtem Sortencharakter. Martina und Christina sorgen für das leibliche Wohl der Gäste, die aus der Umgebung kommen oder im kinderfreundlichen Gästehaus mit der großzügigen Ferienwohnung und den komfortablen Gästezimmern verweilen. Seit 1987 besteht die urige Straußwirtschaft mit romantischer Nische und sonniger Terrasse. Serviert wird Kaltes (belegte Brote, Wurstsalat, Käsewürfel und frische Salate der Saison) wie Warmes (Winzersteak, Bratkartoffeln, gebackener Camembert und Flammkuchen). Den kinderlieben Eindruck bestätigt auch die Karte mit den Menüpunkten Pommes rot-weiß und Vanilleeis mit Sahne.

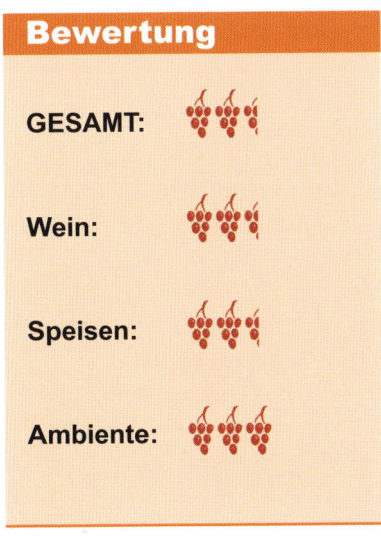

Bewertung

GESAMT:

Wein:

Speisen:

Ambiente:

Weingut Peter Day Straußwirtschaft

Marktstraße 6
56856 Zell
Tel. 06542/4581
info@weingut-day.de
www.weingut-day.de

Öffnungszeiten: 20. März – 1. November ab 17 Uhr, Do Ruhetag

Anfahrt:
B 53 bis Zell, am Rathaus 30 m Fuß-
weg

Parken:
An der Mosel

Reservierungen:
Reservierungen sind möglich

Anzahl der Sitzplätze:
30 drinnen, 25 draußen

Besonderheiten:
Festival der Schwarzen Katz, Mitte
September Winzerhoffest, kulinarische
Weinbergswanderungen

Mein Tipp: Zusammenstellung von
Wild und Ziegenkäse mit einem Riesling Hochgewächs feinherb

Traditionelle Gastlichkeit

Vor gut 20 Jahren übernahmen die Eheleute Day die historische Strauß-wirtschaft mitten in der Zeller Altstadt. Ob als Kanzlei für Steuerberater oder Rechtsanwalt oder als Wahlbüro, die eindrucksvollen Räumlichkeiten mit Holzvertäfelungen und originalen Böden von 1864 mussten einiges aushalten, bis sich die Days ihnen zuwandten und sie ihrer Bestimmung zuführten. Zwischen Vorkriegspreislisten in Reichsmark, eindrucksvollen Gemälden und Familienwappen der Vorbesitzer lässt es sich hier fürstlich genießen. Die Weine von Peter Day sind nicht zuletzt dank diverser Auszeichnungen über alle Zweifel erhaben – erst vor kurzem wurde man zum „Haus der besten Schoppen" gekürt. Neben dem viel geliebten und obligatorischen Riesling befinden sich auch Spätburgunder, Weißburgunder, Chardonnay, Dornfelder und Müller-Thurgau im Anbau. Die Qualitäten zeigen eine wunderbare, filigrane Frucht bei den Weißweinen und einen kraftvollen, tanninreichen Körper bei den weit gereiften Rotweinen (im Barrique ausgebaut!). Trotz der Anstrengungen im Keller findet Peter Day noch die Zeit, um im Service mit seiner Ehefrau Ute den Kontakt zu den Gästen zu pflegen. Ute hat sich das nötige Handwerkszeug selbst beigebracht, um jene mit empfehlenswerten Speisen zu umsorgen. Die ausgewählten Zutaten hierfür kommen zum Teil aus der Schlachtung im Familienkreis, sodass die Fleischprodukte besonders frisch und aromatisch sind. Obgleich des erstklassigen Fleisches ist die Speisekarte überaus ausgewogen und wird um tagesaktuelle Spezialitäten ergänzt – da ist für jeden etwas dabei. Selbst im Winter: Dann nämlich wird die Strauwirtschaft kurzerhand zum Weincafé umgewandelt – mit selbstgebackenen Kuchen, Waffeln und wärmenden Getränken!

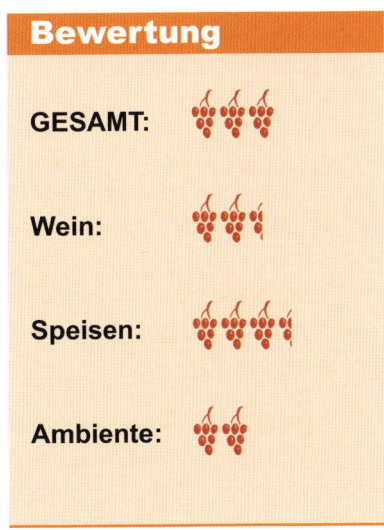

Bewertung

GESAMT: 🍇🍇🍇🍇

Wein: 🍇🍇🍇

Speisen: 🍇🍇🍇🍇🍇

Ambiente: 🍇🍇

Die Mosel – Daten & Fakte

Ansgar Schmitz, Moselwein e.V.

Willkommen im Weinanbaugebiet der Extreme! Auf den steilsten Weinbergen Europas, in der ältesten Weinregion Deutschlands, wachsen auf mineralreichem Schiefergestein Spitzenweine von verblüffender Leichtigkeit heran. Auf ihrem Weg von der luxemburgischen Grenze nach Koblenz legt die Mosel rund 250 Kilometer zurück. Auf beiden Seiten des Flussbetts und an den Unterläufen ihrer Nebenflüsse Saar und Ruwer liegen die Rebflächen des Weinanbaugebietes Mosel.

Als sie sich vor Jahrmillionen tief in die dunklen Sedimente des rheinischen Schiefergebirges gruben, schufen die Flüsse die geologischen und klimatischen Voraussetzungen für das hohe Niveau und den unverkennbaren Charakter der Moselweine: Die urzeitlichen Schieferschichten sind der Grundstein für die markant mineralischen Rieslinge der Region. Das geschützte Mikroklima der Flusstäler macht den Weinbau so weit im Norden, um den 50. Grad nördlicher Breite, erst möglich. Die Trauben reifen hier besonders lange. Die Weine sind elegant, oft geradezu filigran, und dennoch von großer Komplexität.

Bei diesen Steigungen ist Weinerzeugung hier seit 2000 Jahren Knochenarbeit. Damals nutzten römische Siedler die Südhänge der Flusstäler zum ersten Mal für den Weinbau und begannen, eine einzigartige Kulturlandschaft zu formen. Nun ist eine junge Generation von Winzern angetreten, auf den alten Steillagen unverwechselbare Weine von Weltrang zu produzieren.

Die Mosel ist das fünftgrößte der dreizehn deutschen Qualitätsweinanbau-gebiete.

Rebfläche: 8.567 Hektar Ertragsrebfläche (2015, laut Weinbauverband Mosel)
Betriebe: ca. 3.660 (2015) durchschnittliche Betriebsgröße: 2,4 ha.
Produktion: 795.000 Hektoliter (2015)
Rebsorten: weiße Sorten: 7.980 ha/90,5 %, rote Sorten: 834 ha/9,5 %

Riesling	61,1 %,	5.386 ha
Müller-Thurgau	12,0 %,	1.056 ha
Elbling	5,9 %,	519 ha
Blauer Spätburgunder	4,4 %,	391 ha
Weißer Burgunder	3,6 %,	321 ha
Dornfelder	3,5 %,	311 ha
Kerner	2,9 %,	255 ha
Grauer Burgunder	1,7 %,	152 ha
Bacchus	0,8 %,	67 ha
Regent	0,6 %,	57 ha
Chardonnay	0,6 %,	57 ha
Auxerrois	0,4 %,	39 ha
Sauvignon blanc	0,2 %,	22 ha
Sonstige Sorten	2,3 %,	181 ha

Das Weinanbaugebiet Mosel ist vom Weißwein geprägt. Mehr als 90 Prozent der Rebfläche sind mit weißen Sorten bestockt. **Riesling** ist mit 61 Prozent die wichtigste Rebsorte an Mosel, Saar und Ruwer. In den Bereichen Saar und Ruwertal liegt ihr Anteil mit 82,4 bzw. 87,5 Prozent wesentlich höher als im Gesamtgebiet. Die „Königin der weißen Reben" eignet sich besonders gut für den Anbau in den Schiefer-Steillagen der Flusstäler von Mosel, Saar und Ruwer. Sie bringt hier aufgrund ihrer sehr langen Reifephase mineralische, feinfruchtige, elegante und langlebige Weine hervor. Neben den weltweit bekannten fruchtsüßen Weinen erzeugen die Winzer an Mosel, Saar und Ruwer harmonisch-trockenen und feinherben Steillagen-Riesling.

Die im Mittelalter in Deutschland weit verbreitete Rebsorte **Elbling** ist eine Spezialität der Region und in größerer Ausdehnung nur noch auf den Muschelkalkböden der Obermosel (Südliche Wein-Mosel) sowie im Raum Cochem zu finden. Sie ergibt meist trocken ausgebaute, frische, unkomplizierte Weine.

Müller-Thurgau, häufig auch als **Rivaner** bezeichnet, ist die zweithäufigste Rebsorte der Region. Der Rivaner ist ein fruchtig-trockener Wein, der vor allem zur leichten Küche passt.

In den vergangenen 20 Jahren haben Sorten aus der Burgunderfamilie zunehmend Bedeutung erlangt, während Rebsorten wie **Kerner, Bacchus, Ortega, Optima** stark an Bedeutung verloren haben. Vor allem Spätburgunder (Pinot noir) und **Weißburgunder (Pinot blanc)** sind im gesamten Gebiet zu finden. Darüber hinaus bieten viele Betriebe auch **Grauburgunder (Pinot gris/Ruländer)**, **Auxerrois** und **Chardonnay** an. Insgesamt stehen die weißen und roten Burgundersorten mittlerweile auf rund 11 Prozent der Rebfläche. Seinen Schwerpunkt hat der Burgunder-Anbau an der Obermosel, die zunehmend zur „Burgunder-Mosel" wird.

Die Rotweintradition vergangener Jahrhunderte wurde seit Ende der 1980er Jahre an Mosel, Saar und Ruwer wieder neu belebt. Der Anteil roter Rebsorten liegt bei 9,5 Prozent der gesamten Anbaufläche (834 Hektar). Wichtigste rote Sorte ist der **Blaue Spätburgunder (Pinot noir)**, der bis ins späte 19. Jahrhundert an der Mosel und Saar zu finden war. **Dornfelder** ist zweitwichtigste rote Sorte, daneben sind auch **Regent** und **Frühburgunder** häufiger zu finden. Neben Rotwein werden auch Rosé und Blanc de noir erzeugt.

International bekannte Rebsorten wie **Gewürztraminer**, **Schwarzriesling (Pinot meunier)**, **Cabernet Sauvignon**, **Merlot** und sogar **Syrah** werden ebenfalls angebaut, doch nur in sehr geringem Umfang. Die internationale Trendrebsorte **Sauvignon blanc** findet sich mittlerweile in den Weinbergen und Sortimenten von Weingütern im ganzen Gebiet, von der Saar bis nach Koblenz.

Der Autor: Hans-Wilhelm Apelt

Jg. 1949, gebürtiger Bonner. Durch einen Weinberg an der Ahr im Familienbesitz entdeckte er schon früh sein Interesse am Wein. Mitte der 1990er Jahre bot sich die Möglichkeit, Beruf und Leidenschaft zu vereinen. Seitdem arbeitet Apelt als Testredakteur – zunächst als Kritiker für diverse Führer im Hotel- und Restaurantwesen, später auch im Weinbereich für den Gault-Millau u.a.. Bei Weinprämierungen in Deutschland und Österreich hat er sich über die Jahre einen Namen als Tester gemacht und für Fachzeitschriften und Rundfunk berichtet sowie Bücher publiziert. Trotz seines immensen Verkostungspensums findet der passionierte Tester noch Zeit, sein Wissen und seine Erfahrungen an Interessierte weiterzugeben. Dazu gehört für ihn auch die Arbeit an der Basis, nämlich der stetige Austausch mit Winzerinnen und Winzern.

Der Fotograf: Benjamin Apelt

Er studierte Management und Marketing in Düsseldorf und Trier. Nach absolviertem Master-Studium arbeitet er als Junior Consultant im E-Commerce und Online-Marketing für kleine und mittlere Unternehmen. Bei ausgewählten Projekten sowie diversen Publikationen greift der semi-professionelle Fotograf auch selbst zur Kamera.

Leinpfad Verlag – Bücher mit Terroir

Maria Gietzen (Hg.): Mosel-Tapas
Lassen Sie sich überraschen von einer Tafelspitz-Sülze, Ziegenkäse mit Rote-Bete-Aufstrich, Himmel und Erd im Glas, Minifrikadellen mit Riesling, Kürbis-Frittata, Espressomousse mit Weinbergfrüchten und und und!
ISBN 978-3-945782-13-2, 116 S., Klappenbroschur, 13,90 €

Andreas Wagner: Stauhitze. Ein Krimi
Im Essenheimer Teufelspfad herrscht Stauhitze. Als dort kurz nacheinander zwei Tote gefunden werden, erwacht ganz Essenheim aus seiner Hitzestarre. Währenddessen beobachtet ein Stalker eine Frau Tag und Nacht.
Der 8. Kendzierski-Krimi!
ISBN 978-3-945782-16-3, Klappenbroschur, 224 S., 9,90 €

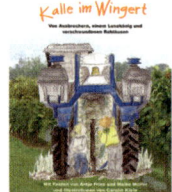

Kalle im Wingert. Von Ausbrechern, einem Lesekönig und verschwundenen Rebläusen
Ein Kinderbuch für 7- bis 12-Jährige, das Winzer zum Traumberuf werden lässt? Die zwei Autorinnen haben das geschafft. Sie erzählen spannend vom Weinmachen heute und früher, vom Leben auf dem Land und vom Wechsel der Jahreszeiten. (Slow Food)
ISBN 978-3-942291-74-3, 32 S., Hardcover, 12,90 €,
3. Auflage!

Sophia Schülke: Lothringen entdecken. 30 Touren durch Stadt, Land, Wald und am Wasser entlang
Mit 30 abwechslungsreichen Touren (26 Wanderungen, 4 Radtouren) führt Sophia Schülke zu den schönsten Stellen Lothringens. Mit Infokästen, Karten, Einkehrtipps, Hinweisen auf reizvolle Abstecher, Vorschlägen für Schlechtwetter-Alternativen und einem ausführlichen Serviceteil. „Wanderer, Radfahrer, kommt ihr nach Lothringen, so vergesst dieses Buch nicht. (...) Man wird nicht müde, ihr (der Autorin) Etappe um Etappe zu folgen." (FAZ)
ISBN 978-3-942291-64-4, Broschur, 184 Seiten, 14,90 €

LEINPFAD
V E R L A G

Leinpfad Verlag.
Der kleine Verlag mit dem großen regionalen Programm!
Leinpfad Verlag, Leinpfad 5, 55218 Ingelheim
Tel. 06132/8369, Fax. 896951, www.leinpfadverlag.com
info@leinpfadverlag.de
Wir schicken Ihnen gerne unser Programm.